初級 1 ｜ JLPT N5〜N4 ｜ CEFR A1〜A2 対応

日本語 巡り合い

1

監修　佐々木 瑞枝

執筆　『巡り合い』
　　　編集委員会

ひつじ書房

はじめに

近年、日本語教育は教員が一方的に教える講義形式の授業から、グループワークやグループディスカッションを通して学生の社会参加能力を育てる「アクティブ・ラーニング」が主流になりつつあります。

『日本語　巡り合い』（初級1、初級2）は、新日本語能力試験 N5 〜 N4 レベル、CEFR A1 〜 A2 レベルの日本語を学習する皆さんを対象に、予習型学習（反転授業）を念頭において作成されたテキストです。またオンライン授業にも最適です。

本書の最大の特徴は、会話文の場面をマンガで示し、QR コードによって気軽に会話の音声を聞くことができる点です。マンガという視覚表現と音声という聴覚表現に接することによって、学習者はいつでも、また世界のどこでも、楽しく、自発的に予習することができます。

学習者が自宅でマンガ（視覚）と録音（音声）による予習をして授業に臨むことで、日本語を指導される先生方にとっても、よりアクティブなクラス運営が容易になると思います。「教えやすく」「学びやすい」テキストの実現に向けて、試行錯誤を重ねた結果、本書では、自然な会話、自然に組み込まれた文型、各課の学習・行動目標を設定し、着実に日本語の語彙や文法が身につくように考えられています。

以下、本書で心がけたこと、クラスで展開していただきたいことについて述べます。

- 会話文では自然なイントネーション、および待遇表現を学び、「対話力」を伸ばす。
- 会話文では、場面の流れの中で自然に、文型を体系的に積み上げて習得する。
- クラスでは会話文をモデルとして、学習者が本書の登場人物になって会話したり、会話を発展させたりする。
- 読解文にも QR コードによって音声がつけられている。音声を聞きながら読んでいくことによって、たとえ未習語彙が含まれていても、読み通していく姿勢を身につけることができる。
- 読解文では、音声の手助けによって、スキミング（文章全体を素早く読み通してその趣旨をつかむこと）やスキャニング（ある特

定の情報を探しながら文章を読むこと）の能力を伸ばしていくことを目指す。

- 「タスク＆アクティビティー」は、クラスでグループワークで行うのに適したものにした。多様な選択肢から答えを選ぶ中で、学習者と教師が「場」を共有しながら授業を進めることができる。
- 「日本の文化やマナー」に関する「タスク」も楽しみながら学べる。

　本書が、日本語表現を教室内に閉ざさず、社会へ開いていく切り口を含んでいる点についてもふれておきたいと思います。はじめの方の課に「アルバイト」に関する会話や読解文が設定されています。ここでは、近年コンビニなどで働く留学生の増加していることを考慮して、これまでのテキストでは取り上げられてこなかった語彙も導入しました。CEFRのA2レベルの習得目標である「社会的な機能に関する記述」（社会参入）の習得を目指しています。

　同様に「旅行・外出」に関する課も多く、学習者自身がネットで旅行先を検索するなどデジタル時代に合った言語学習活動を促すことができます。

　学習者の皆さんがこのテキストを通じて「自然な日本語」を身につけ、新しい友だちや先生、仲間に「巡り合う」こと、それが私たちの願いです。

　本書の出版にあたっては学術書の出版社であるひつじ書房の松本功氏に編集長として助言をいただきました。心より御礼申し上げます。

2024年1月
監修　武蔵野大学名誉教授　佐々木瑞枝

もくじ

4

別冊 文法と表現
べっさつ ぶんぽう ひょうげん

音声について
おんせい

音声は下記のWebサイトで項目ごとに聴くことができます。
おんせい かき こうもく き
一括ダウンロードもできます。
いっかつ

https://www.hituzi.co.jp/hituzibooks/
ISBN978-4-8234-1216-5_onsei/meguriai_1_onsei.htm

ユーザー名 Meguriai ┊ パスワード Meguriai_12165
めい

人物紹介
じんぶつしょうかい

張 辰宇
ちょう しん う

留学生
りゅうがくせい

政治経済学部１年生
せいじけいざいがくぶ ねんせい

国際交流サークル
こくさいこうりゅう

星野 葵
ほし の あおい

サークルの同級生
どうきゅうせい

帰国子女
きこくしじょ

国際教養学部
こくさいきょうようがくぶ

李 先佑
い そん う

学部・サークルの同級生
がくぶ どうきゅうせい

留学生
りゅうがくせい

桜井 剛士
さくらい つよし

サークルの先輩
せんぱい

商学部の２年生
しょうがくぶ ねんせい

張 詩瑶
ちょう しよう

張さんの妹
ちょう いもうと

日本語学校の学生
にほんごがっこう がくせい

鈴木 次郎
すずき じろう

詩瑶さんの
しよう

ホストファミリー（父）
ちち

鈴木 真悠子
すずき まゆこ

詩瑶さんの
しよう

ホストファミリー（母）
はは

鈴木 奈津美
すずき なつみ

詩瑶さんの
しよう

ホストファミリー（娘）
むすめ

小学校４年生
しょうがっこう ねんせい

川上 悟
かわかみ さとる

大学の同級生
だいがく どうきゅうせい

文学部
ぶんがくぶ

小川 陽奈
おがわ ひな

サークルの同級生
どうきゅうせい

商学部
しょうがくぶ

藤本 莉子
ふじもと りこ

サークルの部長
ぶちょう

理工学部の３年生
りこうがくぶ　　ねんせい

島田先生
しまだせんせい

大学の先生
だいがく　せんせい

南先生
みなみせんせい

日本語学校の先生
にほんごがっこう　せんせい

トミー

日本語学校時代の友達
にほんごがっこうじだい　ともだち

大学１年生
だいがく　ねんせい

店長
てんちょう

アルバイト先の
さき

コンビニの店長
てんちょう

ムハンマド

アルバイト先の先輩
さき　せんぱい

大学院の留学生
だいがくいん　りゅうがくせい

第 1 課

入学式
にゅうがくしき

今日は、4月8日月曜日です。西北大学
きょう　　しがつようかげつようび　　せいほくだいがく
の入学式です。張さんと李さんは、政治経
にゅうがくしき　　ちょう　　い　　せいじけい
済学部の新入生です。葵さんも新入生で、
ざいがくぶ　しんにゅうせい　　あおい　　しんにゅうせい
国際教養学部の学生です。剛士さんは、商
こくさいきょうようがくぶ　がくせい　　つよし　　しょう
学部の2年生です。
がくぶ　　ねんせい

Q1 張さんと李さんは政治経済学部の学生
ちょう　い　　せいじけいざいがくぶ　がくせい
ですか。

Q2 剛士さんは新入生ですか。
つよし　　しんにゅうせい

今日は、4月8日月曜日です。
西北大学の入学式です。

張さんと李さんは、
政治経済学部の
新入生です。

葵さんも新入生で、
国際教養学部の学生です。
剛士さんは、
商学部の2年生です。

会話文 A

張（ちょう）　：こんにちは。すみません、ここは入学式会場（にゅうがくしきかいじょう）ですか。

李（い）　：はい、そうです。

張（ちょう）　：ありがとうございます。留学生（りゅうがくせい）ですか。

李（い）　：はい、留学生（りゅうがくせい）です。

張（ちょう）　：そうですか。私（わたし）も留学生（りゅうがくせい）で、中国人（ちゅうごくじん）です。張（ちょう）です。

李（い）　：はじめまして。韓国人（かんこくじん）の李（い）です。よろしくお願（ねが）いします。

張（ちょう）　：よろしくお願（ねが）いします。

葵（あおい）　：こんにちは。葵（あおい）です。留学生（りゅうがくせい）ですか。

張（ちょう）　：はい、そうです。葵（あおい）さんも留学生（りゅうがくせい）ですか。

葵（あおい）　：いいえ、私（わたし）は留学生（りゅうがくせい）ではありません。

　　　　日本人（にほんじん）です。

張（ちょう）　：そうですか。私（わたし）は中国人留学生（ちゅうごくじんりゅうがくせい）で、張（ちょう）です。政治経済学部（せいじけいざいがくぶ）です。

李（い）　：韓国人留学生（かんこくじんりゅうがくせい）の李（い）です。私（わたし）も政治経済学部（せいじけいざいがくぶ）です。

葵（あおい）　：張（ちょう）さんと李（い）さんですね。よろしくお願（ねが）いします。私（わたし）は国際教養（こくさいきょうよう）

　　　　学部（がくぶ）です。

張と李（ちょう・い）：こちらこそ、よろしくお願（ねが）いします。

葵（あおい）　：あっ、10時（じ）ですよ。

PRACTICE ①

例を見て、自己紹介してみましょう。
れい み じ こ しょうかい

例

西北大学　１年生
せいほくだいがく　　ねんせい

張　辰宇
ちょう しん う

中国
ちゅうごく

はじめまして、張　辰宇です。
ちょう しん う

中国人で、西北大学の１年生です。
ちゅうごくじん　せいほくだいがく　　ねんせい

どうぞよろしくお願いします。
ねが

1

さくら高校　２年生
こうこう　　ねんせい

キム　ソヨン

韓国
かんこく

2

ABC高校　３年生
こうこう　　ねんせい

マイケル

アメリカ

3

_____

_____

学生1 ：こんにちは。テニスサークルです。

学生2 ：サッカーサークルです。

学生3 ：漫画サークルです。お願いします。

剛士 ：こんにちは。音楽サークルです。

　　　　新入生ですか。

張 ：はい、新入生です。

剛士 ：音楽サークルの練習は、水曜日と金曜日です。メンバーは15人

　　　　です。

葵 ：剛士先輩、お久しぶりです。

剛士 ：あっ、葵ちゃん、久しぶり。

葵 ：あれ、張さん？

張 ：あ、葵さん。さっきはありがとう。

葵 ：こちらこそ、ありがとう。

　　　　張さん、こちらは高校の先輩の剛士さんです。

張 ：中国人留学生の張です。よろしくお願いします。

剛士 ：剛士です。商学部の2年生です。

　　　　葵ちゃんの友達ですか。

張 ：友達ですか？

葵 ：はい、友達です。

剛士 ：じゃあ、私の友達です。張さん、音楽サークル、お願いします。

＊

＊

＊

その後、張さんと李さんは、葵さんと3人で国際交流サークルに入り
ました。そこには剛士さんもいました。剛士さんは音楽サークルと国際
交流サークルの両方に入っています。

PRACTICE ②

3人でグループを作って、例を見て会話してみましょう。

例 A：私　　B：剛士／高校の先輩　　C：張／私の友達

A：剛士さん、こちらは張さんです。私の友達です。

　張さん、こちらは 剛士さんです。高校の先輩です。

B：はじめまして、剛士です。どうぞよろしくお願いします。

C：はじめまして、張です。

　こちらこそ、どうぞよろしくお願いします。

1　B：パク／3年生　　　　　C：クリス／1年生

2　B：木村／高校の友達　　　C：王／大学の友達

3　B：佐藤／西北大学の学生　C：呉／冬都大学の学生

張さんは、中国人の留学生で、政治経済学部の1年生です。韓国人の李さんも、政治経済学部の1年生です。葵さんも1年生です。政治経済学部の学生ではありません。国際教養学部の学生です。今日は大学の入学式でした。

剛士さんは、西北大学商学部の2年生で、音楽サークルのメンバーです。剛士さんと葵さんは、同じ高校の学生でした。

Q1 張さんは留学生ですか。

Q2 李さんは中国人ですか。

Q3 葵さんは大学2年生ですか。

Q4 葵さんと剛士さんは同じ高校でしたか。

タスク&アクティビティー

1. ペアワーク

ペアの1人は川上さん、1人はパクさんになってください。絵を見て、例
のように会話をしましょう。

川上さん

例 大学生
① 西北大学
② 1年生
③ 文学部
④ 日本人

パクさん

例 大学生
① 四条大学
② 3年生
③ 工学部
④ 韓国人

例 【高校生　大学生】

Q：パクさん　は　大学生ですか。

A：はい、そうです。

Q：川上さん　は　高校生ですか。

A：いいえ、高校生ではありません。【大学生】です。

---

① 【西北大学の学生　四条大学の学生　駒場大学の学生　冬都大学の学生】

② 【1年生　2年生　3年生　4年生】

③ 【文学部　経済学部　工学部　法学部】

④ 【日本人　アメリカ人　中国人　韓国人】

2. 聴解・ペアワーク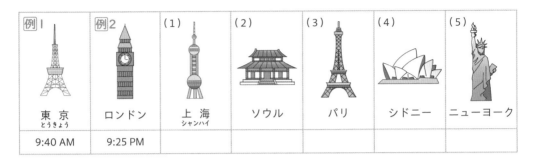
ちょうかい

① 聞いて書きましょう。
き　か

例1	例2	(1)	(2)	(3)	(4)	(5)
 東京 とうきょう	 ロンドン	 上海 シャンハイ	 ソウル	 パリ	 シドニー	 ニューヨーク
9:40 AM	9:25 PM					

② 絵を見て、例のようにペアで会話しましょう。
え み　れい　　　　　　　　　かいわ

例　PM

A：すみません、ソウルは今何時ですか。
　　　　　　　　　　　　いまなんじ
B：午後３時です。
　　ごご　じ
A：ありがとうございます。

ソウル

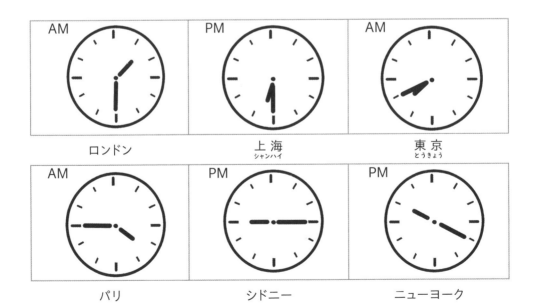

AM	PM	AM
ロンドン	上海 シャンハイ	東京 とうきょう

AM	PM	PM
パリ	シドニー	ニューヨーク

MEMO ....

第2課

歓迎会
かんげいかい

説明文

　大学の近くに和食レストランの「さくら」があります。張さんと李さん
は国際交流サークルのメンバーです。今日は国際交流サークルの新入生歓
迎会です。歓迎会の会場は「さくら」の2階です。「さくら」の入口に店員
さんがいます。

Q1　張さんと李さんのサークルは何ですか。

Q2　歓迎会の会場はどこですか。

店員：いらっしゃいませ。

剛士：西北大学の国際交流サークルです。

店員：ご予約のお客様ですね。こちらへどうぞ。

張　：お願いします。

店員：お客様の席は、こちらです。

張　：ありがとうございます。

＊　＊　＊

李　：これは何ですか。

葵　：これは天ぷらの盛り合わせです。

李　：そうですか。これは何の天ぷらですか。

葵　：これはえびの天ぷらです。これは野菜です。

　　　なすとカボチャです。

張　：剛士さん、それは何ですか。

剛士：これはりんごワインですよ。

張　：それはお酒ですか、ジュースですか。

剛士：お酒です。二十歳未満はだめですよ。

張　：僕は二十歳です。大丈夫です。

PRACTICE ①

例を見て、会話してみましょう。

例 ジュース ／ りんごジュース ／ レモンジュース

A：それは何ですか。

B：これはジュースです。

A：それはりんごジュースですか、

　　レモンジュースですか。

B：これはりんごジュースです。

---

1 天ぷら／野菜の天ぷら

　　／えびの天ぷら

2 雑誌／サッカーの雑誌

　　／テニスの雑誌

3 ケーキ／チョコレートケーキ

　　／りんごケーキ

あの、
トイレはどこですか。

トイレは1階ですよ。

ありがとうございます。

お客様、
そちらはキッチンです。

あっ、すみません、
トイレはどちらですか。

トイレはあちらです。
階段の右側です。

ありがとうございます。

9時ですよ。

歓迎会は9時までです。

これは誰の
かばんですか。
葵さんのですか。

えっ、
どれですか。

この革の
かばんです。

それは私のかばん
ではありません。
私のはこれです。

李 ：あの、トイレはどこですか。
い

剛士：トイレは１階ですよ。
つよし　　　　　　　　かい

李 ：ありがとうございます。
い

店員：お客様、そちらはキッチンです。
てんいん　きゃくさま

李 ：あっ、すみません、トイレはどちらですか。
い

店員：トイレはあちらです。階段の右側です。
てんいん　　　　　　　　　　　　かいだん　みぎがわ

李 ：ありがとうございます。
い

＊　＊　＊

莉子：９時ですよ。歓迎会は９時までです。
りこ　　くじ　　　　　かんげいかい　　くじ

李 ：これは誰のかばんですか。葵さんのですか。
い　　　　　　だれ　　　　　　　　　　あおい

葵 ：えっ、どれですか。
あおい

李 ：この革のかばんです。
い　　　　かわ

葵 ：それは私のかばんではありません。
あおい　　　　わたし

　　　私のはこれです。
　　　わたし

張 ：それは僕のかばんです。
ちょう　　　　ぼく

　　　莉子さん、会費はいくらですか。
　　　りこ　　　かいひ

莉子：1,000円です。
りこ　　　　えん

剛士：1,000円ですか。ラッキー！
つよし　　　　えん

莉子：２年生と３年生の会費は3,000円です。
りこ　　ねんせい　ねんせい　かいひ　　　えん

　　　1,000円ではありませんよ。
　　　えん

剛士：えっ……。
つよし

＊　＊　＊

全員：ごちそうさまでした。
ぜんいん

店員：ありがとうございました。
てんいん

PRACTICE ②

例を見て、会話してみましょう。
かい み かい わ

例 トイレ／どこ／階段の右側
かいだん みぎがわ

A：あのう、トイレはどこですか。

B：トイレは階段の右側です。
かいだん みぎがわ

A：ありがとうございます。

---

1 歓迎会の会場／どこ／レストランの2階
かんげいかい かいじょう かい

2 図書館／どちら／食堂の左側
と しょかん しょくどう ひだりがわ

例 かばん／葵さん
あおい

A：このかばんは誰のですか。葵さんのですか。
だれ あおい

B：いいえ、私のかばんではありません。私のはこれです。
わたし わたし

A：そうですか。

---

1 スマホ／張さん　　　　2 靴／李さん
ちょう くつ い

例 りんごジュース／130円
えん

A：すみません、それは何ですか。
なん

B：これはりんごジュースです。

A：いくらですか。

B：130円です。
えん

---

1 天ぷら／550円　　　2 ラジオ／7,500円
てん えん えん

今日は国際交流サークルの新入生歓迎会でした。葵さんも国際交流サークルのメンバーです。会場は和食レストランの「さくら」でした。「さくら」は大学の近くにあります。料理は天ぷらでした。飲み物はお酒とジュースでした。剛士さんの飲み物はりんごワインでした。りんごワインはお酒です。二十歳未満はだめです。新入生の会費は1,000円でした。

Q1　レストランの「さくら」はどこですか。

Q2　料理は何でしたか。

Q3　飲み物は何でしたか。

Q4　新入生の会費はいくらでしたか。

タスク＆アクティビティー

1. 聴解 🎧
ちょうかい

地図を見て会話を聞いてください。
ちず み かいわ き

① 質問の答えを選んで、〇をつけてください。
しつもん こた えら

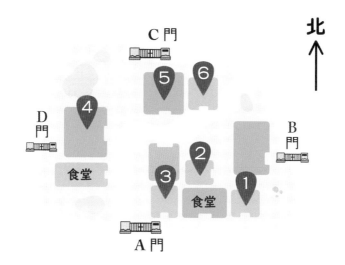

1. 南門はどこですか。　　　　　　（　A　　B　　C　　D　）
みなみもん

2. 留学生センターはどこですか。（　1　2　3　4　5　6　）
りゅうがくせい

3. 図書館はどこですか。　　　　（　1　2　3　4　5　6　）
としょかん

② もう一度、会話を聞いてください。下の1～4の　　　　　　　に言葉を
いちど かいわ き した ことば
書きましょう。
か

1. ＿＿＿＿＿＿門の＿＿＿＿＿＿に留学生センターがあります。
もん りゅうがくせい

2. 留学生センターの＿＿＿＿＿＿＿に食堂があります。
りゅうがくせい しょくどう

3. 食堂の後ろに＿＿＿＿＿＿があります。
しょくどう うし

4. コンピューター室は、＿＿＿＿＿の＿＿＿＿＿階です。
しつ かい

2. ペアワーク 🔁

絵を見て、例のように会話しましょう。
（え）（み）（れい）　　（かいわ）

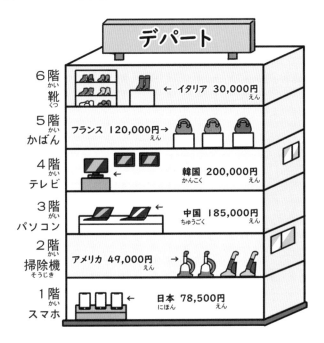

例 パソコン　　A：すみません。パソコンはどこですか。

　　　　　　　　B：3階です。
　　　　　　　　　　（がい）

　　　　　　　　A：ありがとうございます。

---

① 靴　　　　　② スマホ　　　　③ テレビ　　　　④ ＿＿＿＿＿
　（くつ）

例 掃除機　　A：すみません。これはどこの掃除機ですか。
　（そうじき）　　　　　　　　　　　　　　　　（そうじき）

　　　　　　　B：アメリカの掃除機です。
　　　　　　　　　　　　　（そうじき）

　　　　　　　A：いくらですか。

　　　　　　　B：49,000円です。
　　　　　　　　　　　　（えん）

---

① かばん　　　② パソコン　　　③ 靴　　　　　　④ ＿＿＿＿＿
　　　　　　　　　　　　　　　　　　（くつ）

MEMO ⋯⋯⋯⋯⋯⋯⋯⋯⋯⋯⋯⋯⋯⋯⋯⋯⋯⋯⋯⋯⋯⋯⋯⋯⋯⋯

第3課

ホストファミリー

説 明 文

詩瑶さんは張さんの妹です。18歳で、日本語学校の学生です。鈴木家は詩瑶さんのホストファミリーで、3人家族です。次郎さんと真悠子さんと、娘の奈津美ちゃんです。奈津美ちゃんは10歳で、小学校の4年生です。鈴木さんの家は広い一戸建てです。周りは静かな住宅街です。近くにきれいな公園があります。

Q1　詩瑶さんは誰の妹ですか。

Q2　鈴木家の家族は何人ですか。

張 ：こんにちは。
ちょう

真悠子：いらっしゃい。久しぶりですね。どうぞ。
まゆこ　　　　　　　　ひさ

張 ：お邪魔します。
ちょう　　じゃま

＊　＊　＊

張 ：これはケーキです。どうぞ。
ちょう

真悠子：ありがとう。今日はいい天気ですね。
まゆこ　　　　　　　きょう　　　てんき

　　　　外は暑かったですか。
　　　　そと　あつ

張 ：いいえ、あまり暑くなかったです。
ちょう　　　　　　　　あつ

　　　　今日は涼しいですよ。
　　　　きょう　すず

真悠子：張さんは元気ですね。
まゆこ　ちょう　　げんき

張 ：詩瑶、日本の生活はどうですか。
ちょう　しよう　にほん　せいかつ

詩瑶 ：楽しいです。
しよう　たの

張 ：日本語の勉強はどうですか。
ちょう　にほんご　べんきょう

詩瑶 ：日本語は難しいですが、おもしろいです。
しよう　にほんご　むずか

　　　　私の日本語の先生は南先生です。
　　　　わたし　にほんご　せんせい　みなみせんせい

張 ：え、南先生？　僕の日本語の先生も南先生でした。
ちょう　みなみせんせい　ぼく　にほんご　せんせい　みなみせんせい

詩瑶 ：これは私のクラスの写真です。私の隣に南先生がいます。とて
しよう　　　　わたし　　　しゃしん　　　わたし　となり　みなみせんせい

　　　　も優しい先生です。
　　　　やさ　　せんせい

PRACTICE ①

例を見て、会話してみましょう。
れい み かいわ

例 日本の生活／便利＋楽しい
にほん せいかつ べんり たの

A：Bさん、お久しぶりです。
ひさ

B：お久しぶりですね。
ひさ

A：日本の生活はどうですか。
にほん せいかつ

B：便利です。そして、楽しいです。
べんり たの

---

1 日本語の先生／親切＋優しい
にほんご せんせい しんせつ やさ

2 鈴木さんの家／明るい＋広い
すずき いえ あか ひろ

例 日本語の勉強／難しい⇔おもしろい
にほんご べんきょう むずか

A：Bさん、お久しぶりです。
ひさ

B：お久しぶりですね。
ひさ

A：日本語の勉強はどうですか。
にほんご べんきょう

B：難しいですが、おもしろいです。
むずか

---

1 今のアパート／静か⇔小さい
いま しず ちい

2 日本の生活／忙しい⇔楽しい
にほん せいかつ いそが たの

奈津美ちゃん、
この漫画もおもしろいですよ。

これはおもしろくなかったです。
退屈でした。

どんな漫画？

歴史の
漫画です。

なるほど。
歴史は難しくて複雑ですね。

この主人公は、
あまり強くありませんが優しいです。

優しい人は素敵です。

ね、次郎さん。

う、うん。

真悠子：台所のテーブルの上に、このノートがありましたよ。詩瑶さん
　　　　のですか。

詩瑶　：はい、私のイラストのノートです。
　　　　ありがとうございます。

奈津美：イラスト？　あ、これはバスケットボールの漫画の主人公です。
　　　　上手ですね。

詩瑶　：いいえ、あまり上手ではありません。

奈津美：この主人公はかっこいいです。
　　　　この漫画は、とても有名です。

張　　：そうですね。有名ですね。

詩瑶　：奈津美ちゃん、この漫画もおもしろいですよ。

奈津美：これはおもしろくなかったです。退屈でした。

真悠子：どんな漫画？

詩瑶　：歴史の漫画です。

真悠子：なるほど。歴史は難しくて複雑ですね。

張　　：この主人公は、あまり強くありませんが優しいです。

真悠子：優しい人は素敵です。ね、次郎さん。

次郎　：う、うん。

PRACTICE ②

例を見て、会話してみましょう。
れい　み　　　かい わ

例 高校／学校／新しい／きれい
こうこう　がっこう　あたら

A：Bさんの高校はどんな学校ですか。
　　　　こうこう　　　　　　　　がっこう

B：新しくて、きれいな学校です。
　　あたら　　　　　　　　　　がっこう

A：そうですか。いいですね。

1 部屋／部屋／暖かい／明るい
　へや　へや　あたた　あか

2 故郷／ところ／静か／きれい
　こきょう　　　　しず

3 スマホ／スマホ／小さい／便利
　　　　　　　　　ちい　　べんり

読解文

詩瑶さんの日記
（しよう）　（にっき）

今日は涼しくて、いい天気でした。日本の生活は、毎日楽しいです。日
（きょう）（すず）　　　　　　（てんき）　　　（にほん）（せいかつ）　（まいにちたの）　　　　　（に）

本語の勉強は、大変ですが、おもしろいです。私の日本語の先生は南先
（ほんご）（べんきょう）（たいへん）　　　　　　　　　　（わたし）（にほんご）（せんせい）（みなみせん）

生です。兄の日本語の先生も南先生でした。南先生はとても親切な先生
（せい）　（あに）（にほんご）（せんせい）（みなみせんせい）　　（みなみせんせい）　　　　（しんせつ）（せんせい）

です。

日本の漫画やアニメは有名です。バスケットボールの漫画は、かっこ
（にほん）（まんが）　　　　　（ゆうめい）　　　　　　　　　　　（まんが）

よくておもしろいです。歴史の漫画は、難しいですがおもしろいです。主
（れきし）（まんが）（むずか）　　　　　　　　　　　　（しゅ）

人公は、あまり強くありませんが優しいです。
（じんこう）　　（つよ）　　　　　　（やさ）

兄のお土産はケーキでした。とてもおいしかったです。
（あに）（みやげ）

Q1 今日の天気はどうでしたか。
　　（きょう）（てんき）

Q2 日本語の勉強はどうですか。
　　（にほんご）（べんきょう）

Q3 南先生はどんな先生ですか。
　　（みなみせんせい）　　（せんせい）

Q4 バスケットボールの漫画はどうですか。
　　　　　　　　　　　（まんが）

タスク&アクティビティー

1. 聴解 🎧
ちょうかい

① 会話を聞いてください。例のように〇をつけましょう。
かいわ　き　　　　　　　　　　れい

パクさんの部屋			リンさんの部屋		
例 新しい（古い）			例（新しい）古い		
あたら 　 ふる			あたら 　ふる		
安い 　 高い			安い 　 高い		
やす 　 たか			やす 　 たか		
公園 　 駅 　 スーパー			公園 　 駅 　 スーパー		
こうえん 　えき			こうえん 　えき		
静か 　 便利			静か 　 便利		
しず 　 べんり			しず 　 べんり		

② もう一度、会話を聞いてください。下の文の　　　　　　に言葉を
　 いちど　かいわ　き　　　　　　　　した　ぶん　　　　　　　　　　ことば
入れましょう。
い

・パクさんの部屋は　例 古い　　ですが、家賃は　　　　　　です。
　　　　　　 へや　　　 ふる　　　　　　　 やちん

　近くに　　　　　　があります。　　　　　　もあります。　　　　　　です。
　ちか

・リンさんの部屋は　例 新しい　　ですが、家賃は　　　　　　です。
　　　　　　 へや　　　 あたら　　　　　　 やちん

　近くに　　　　　　があります。　　　　　　です。
　ちか

2. ペアワーク 🗨️ ✏️

例のようにペアで会話して、相手の答えを表に書いてください。ヒント
れい　　　　　　かいわ　　　あいて　こた　ひょう　か
の言葉も使いましょう。
ことば　つか

```
例 1  A：（ア）日本語の勉強 はどうですか。
          に ほん ご　　　べんきょう
   ┌ B：難しいです。
   │    むずか
   └ B：あまり難しくありません。
            むずか
```

（ア）	＿＿＿＿＿さんの答え
	こた
学校	
がっこう	
日本の食べ物	
に ほん た もの	

```
例 2  A：（ア）日本語の勉強 はどうですか。
          に ほん ご　　　べんきょう
   ┌ B：難しくて、大変です。
   │    むずか
   └ B：難しいですが、おもしろいです。
            むずか
```

（ア）	＿＿＿＿＿さんの答え
	こた
東京	
とうきょう	
あなたの部屋	
へ や	

48

例 3　A：（ア）ハリー・ポッター は、どんな（イ）映画ですか。
えい が

┌ B：とても有名な映画です。
　 　　ゆうめい　えい が
└ B：あまり新しい映画ではありません。
　 　　　あたら　えい が

（ア）	（イ）	＿＿＿＿＿＿＿　さんの答え こた
	人 ひと	
	アニメ	

例 4　（ア）ハリー・ポッター は、どんな（イ）映画ですか。
えい が

┌ B：おもしろくて、かっこいい映画です
　 　　　　　　　　　　えい が
└ B：複雑ですが、おもしろい映画です。
　 　ふくざつ　　　　　　　　えい が

（ア）	（イ）	＿＿＿＿＿＿＿　さんの答え こた
	町 まち	
	食べ物 た　もの	

ヒント

難しい　おもしろい　楽しい　新しい　古い　大きい　小さい
むずか　　　　　　　たの　　　あたら　ふる　おお　　ちい

広い　狭い　高い　安い　おいしい　辛い　甘い　暑い　寒い
ひろ　せま　たか　やす　　　　　　から　あま　あつ　さむ

暖かい　涼しい　明るい　いい　優しい　かっこいい
あたた　すず　あか　　　　　やさ

大変　有名　複雑　静か　きれい　素敵　親切　元気　便利
たいへん　ゆうめい　ふくざつ　しず　　　　すてき　しんせつ　げん き　べん り

にぎやか

第4課

キャンプ

説明文

　今日は国際交流サークルのバーベキューイベントです。ここは有名なキ
ャンプ場です。キャンプ場の場所は山の中です。キャンプ場の横に川があ
ります。東京都心より涼しいです。

Q1　ここはどこですか。

Q2　キャンプ場は東京都心ですか。

張：きれいなところですね。
（ちょう）

葵：ええ、気持ちいいです。
（あおい）（きも）

李：空気がいいですね。
（い）（くうき）

張：そうですね。ここも東京ですか。
（ちょう）（とうきょう）

剛士：はい、東京ですよ。
（つよし）（とうきょう）

張：ここは都心ほど暑くないですね。
（ちょう）（としん）（あつ）

葵：そうですね。ここは都心よりちょっと涼しいです。
（あおい）（としん）（すず）

　　私は今の季節が一番好きです。
　　（わたし）（いま）（きせつ）（いちばんす）

　　張さんと李さんは、季節の中でいつが一番好きですか。
　　（ちょう）（い）（きせつ）（なか）（いちばんす）

張：春が一番好きです。秋も好きです。
（ちょう）（はる）（いちばん　す）（あき　す）

李：僕は夏が一番好きです。夏が一番楽しいです。
（い）（ぼく）（なつ）（いちばん　す）（なつ）（いちばんたの）

＊　＊　＊

剛士：さあ、バーベキューです！
（つよし）

PRACTICE ①

例を見て、会話してみましょう。
れい　み　　かい わ

例 1　日本語／難しい／中国語／少し
　　　に ほん ご　むずか　ちゅうごく ご　すこ

A：日本語は難しいですか。
　　に ほん ご　むずか

B：はい、難しいですが、中国語ほど難しくないです。
　　　　むずか　　　　　ちゅうごく ご　むずか

A：そうですか。中国語は難しいですね。
　　　　　　　ちゅうごく ご　むずか

B：ええ、中国語は日本語より少し難しいです。
　　　ちゅうごく ご　に ほん ご　すこ むずか

1　新幹線／飛行機／高い／ちょっと
　　しんかんせん　ひ こう き　たか

2　東京の冬／北京の冬／寒い／だいぶ
　　とうきょう ふゆ　ペキン ふゆ　さむ

例 2　野菜／好き／トマト／にんじん／苦手
　　　や さい　す　　　　　　　　　にがて

A：Bさんは野菜の中で、何が一番好きですか。
　　　　　　や さい なか　なに いちばん す

B：トマトが一番好きです。Aさんは？
　　　　　　いちばん す

A：私はにんじんが一番好きです。
　　わたし　　　　　　いちばん す

B：そうですか。私はにんじんが一番苦手です。
　　　　　　　　わたし　　　　　　いちばんにが て

1　果物／好き／いちご／みかん／
　　くだもの　す
　苦手
　にがて

2　スポーツ／上手／サッカー／
　　　　　　　じょうず
　野球／下手
　や きゅう　へ た

そう、料理ですよ！
僕は料理が好きです。

葵さんも、どうぞ。

いただきます！

あっ。
それは私のですよ。

いいですね。
僕は料理が苦手です。

ごちそうさまでした。
やっぱり肉は
おいしいですね。

野菜もありますよ。
なす、ピーマン、
とうもろこし、どうぞ。

これはピーマンですね。
僕は野菜が嫌いです。
ピーマンは野菜の中で一番嫌いです。

え？

僕は先輩ですよ。
みんなより年上ですよ。

剛士さんは
本当に「子ども」ですね。

は は は は

葵
あおい ：張さん、お疲れさま。
ちょう つか

お茶とジュースと、どちらがいいですか。
ちゃ

張
ちょう ：ありがとうございます。お茶のほうがいいです。
ちゃ

葵
あおい ：はい、どうぞ。李さんはどちらがいいですか。
い

李
い ：僕はお茶よりジュースのほうがいいです。
ぼく ちゃ

張
ちょう ：剛士さん、肉ですよ。どうぞ。
つよし にく

剛士
つよし ：いただきます！　うん、おいしいです。

張さんは料理が上手ですね。
ちょう りょうり じょうず

葵
あおい ：バーベキューは料理ですか。
りょうり

剛士
つよし ：バーベキューも料理ですよ。
りょうり

張
ちょう ：そう、料理ですよ！
りょうり

僕は料理が好きです。
ぼく りょうり す

李
い ：いいですね。僕は料理が苦手です。
ぼく りょうり にがて

張
ちょう ：葵さんも、どうぞ。
あおい

剛士
つよし ：いただきます！

葵
あおい ：あっ。それは私のですよ。
わたし

剛士
つよし ：ごちそうさまでした。やっぱり肉はおいしいですね。
にく

李
い ：野菜もありますよ。なす、ピーマン、とうもろこし、どうぞ。
やさい

剛士
つよし ：これはピーマンですね。僕は野菜が嫌いです。ピーマンは野菜
ぼく やさい きら やさい

の中で一番嫌いです。
なか いちばんきらい

李
い ：剛士さんは本当に「子ども」ですね。
つよし ほんとう こ

剛士
つよし ：え？　僕は先輩ですよ。みんなより年上ですよ。
ぼく せんぱい としうえ

張・李 ：はははは。
ちょう い

PRACTICE ②

例を見て、会話してみましょう。
れい み かい わ

例 1　コーヒー／紅茶／おいしい
　　　　　　　こうちゃ

A：Bさん、コーヒーと紅茶と、どちらがいいですか。
　　　　　　　　　　こうちゃ

B：ありがとうございます。コーヒーより紅茶のほうがいいです。
　　　　　　　　　　　　　　　　　　こうちゃ

A：はい、どうぞ。

B：いただきます。ああ、おいしいですね。

1　果物のケーキ／チョコレートケーキ
　　　くだもの

　　おいしい

2　熱いコーヒー／冷たいコーヒー
　　　あつ　　　　　　つめ

　　冷たい
　　つめ

例 2　ビール／ワイン／好き／お酒／苦手
　　　　　　　　　　　　す　　さけ　にがて

A：Bさん、ビールとワインと、どちらが好きですか。
　　　　　　　　　　　　　　　　　　す

B：どちらも好きではありません。私はお酒が苦手です。
　　　　す　　　　　　　　　　　わたし　さけ　にがて

　　Aさんは？

A：どちらも好きです。私はお酒が好きです。
　　　　　す　　　　わたし　さけ　す

1　英語／フランス語／得意
　　　えいご　　　　　ご　　とくい

　　外国語／苦手
　　がいこくご　にがて

2　野球／サッカー／上手／スポーツ
　　　やきゅう　　　　　　じょうず

　　下手
　　へた

読解文

葵さんの日記

　今日は国際交流サークルのバーベキューイベントでした。山の中のキャンプ場はいいところでした。都心より涼しかったです。とても気持ちよかったです。

　バーベキューはとても楽しかったです。張さんは料理が得意で私よりずっと上手でした。肉も野菜もおいしかったです。

　剛士さんは肉が大好きです。彼は先輩ですが私たちより「子ども」です。おもしろい人です。今日は本当ににぎやかで楽しい1日でした。

Q1　キャンプ場は都心より涼しかったですか。

Q2　バーベキューはどうでしたか。

Q3　剛士さんはどんな人ですか。

Q4　今日はどんな日でしたか。

1. 聴解
ちょうかい

会話を聞いてください。例のように〇をつけましょう。
かいわ き   れい

		肉と野菜とどちらの ほうが好きですか? にく や さい す	何が一番おいしかったですか? なに いちばん
例	剛士 つよし	肉 にく 野菜 や さい	鶏肉、牛肉、なす、ピーマン、とうもろこし とりにく ぎゅうにく
	張 ちょう	肉 にく 野菜 や さい	鶏肉、牛肉、なす、ピーマン、とうもろこし とりにく ぎゅうにく
	葵 あおい	肉 にく 野菜 や さい	鶏肉、牛肉、なす、ピーマン、とうもろこし とりにく ぎゅうにく
	李 い	肉 にく 野菜 や さい	鶏肉、牛肉、なす、ピーマン、とうもろこし とりにく ぎゅうにく

2. ペアワーク

例のようにペアで会話して、相手の答えを表に書いてください。
れい   かいわ   あいて こた ひょう か

例　　A：Bさんは料理が上手ですか。
　　　　　　　 りょうり じょうず

┌ B：はい、上手です。
│　　　　 じょうず
│ B：いいえ、下手です。
│　　　　　　 へ た
└ B：普通です。
　　　　 ふつう

　　　A：そうですか。

〇 上手です　△ 普通　✕ 下手です
　 じょうず　　 ふつう　　 へ た

	私 わたし	＿＿＿＿＿＿さん
料理 りょうり		
サッカー		
バスケットボール		
英語 えいご		

3. グループワーク ⓐ

グループで例のような会話をして、相手と自分の答えを表に書いてください。

例 1　A：○○さんはスポーツが好きですか。

　　┌ B：はい、大好きです。（好きです。）

　　├ B：普通です。

　　└ B：いいえ、あまり好きではありません。（嫌いです。）

　　┌ A：そうですか。私は（も）大好きです。（好きです。）

　　├ A：そうですか。私は（も）普通です。

　　└ A：そうですか。私は（も）あまり好きではありません。（嫌いです。）

5 大好きです　4 好きです　3 普通です　2 あまり好きではありません　1 嫌いです

	私	＿＿＿さん	＿＿＿さん	＿＿＿さん
スポーツ				
野菜				
アニメ				
漫画				
肉				
映画				

例 2　A：日本料理の中で何が一番好きですか。
　　　　　　にほんりょうり　なか　なに　いちばん す
　　　B：天ぷらが一番好きです。
　　　　　てん　　　　いちばん す
　　　A：そうですか。私はお寿司が一番好きです。
　　　　　　　　　　　わたし　　すし　いちばん す

	私 わたし	＿＿＿＿さん	＿＿＿＿さん	＿＿＿＿さん
日本料理 に ほんりょう り				
果物 くだもの				
スポーツ				

4

大学の授業
だいがく じゅぎょう

島田先生の
日本現代史の講義は
金曜日の2限です。
午前11時に始まります。

李さんは毎朝8時に起きます。
いつも9時半頃に家を出ます。
駅まで歩きます。
駅から電車で大学へ行きます。
家から大学まで
30分ぐらいかかります。

今朝、電車の事故がありました。
家から大学まで
バスで行きました。

道路は渋滞でした。
ですからバスを降りました。

そこから大学まで歩きました。
家から大学まで1時間以上
かかりました。

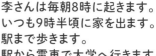

説明文

　島田先生の日本現代史の講義は金曜日の２限です。午前11時に始まります。李さんは毎朝８時に起きます。いつも９時半頃に家を出ます。駅まで歩きます。駅から電車で大学へ行きます。家から大学まで３０分ぐらいかかります。

　今朝、電車の事故がありました。家から大学までバスで行きました。道路は渋滞でした。ですからバスを降りました。そこから大学まで歩きました。家から大学まで１時間以上かかりました。

Q1　李さんは毎朝何時に起きますか。

Q2　李さんは毎日大学までどうやって行きますか。

Q3　李さんの家から大学までどのくらいかかりますか。

Q4　今朝どのくらいかかりましたか。

1か月後の授業で

日本現代史レポート

提出期限：来週月曜日　午後６時

長さ：1,600字程度

＊学部・名前・学籍番号を必ず書く

張 :すみません。日本現代史の講義は何時からですか。

悟 :11時からです。11時から12時半までです。

張 :ありがとう。

李 :(ハァッ、ハァッ……)

張 :どうしましたか。

李 :間に合いました！　家からバスに乗りました。でも、渋滞でした。
　　僕はバスを降りました。そこから大学まで歩きました。歩いて40
　　分ぐらいかかりました。

張 :それは大変でしたね。お疲れさま。

＊　＊　＊

１か月後の授業で

先生:レポートの締め切りは来週の月曜日の午後６時です。今日の授業
　　は終わります。

張 :えっ、月曜日の午後６時ですか？
　　期間が短いです。大変です。

李 :そうですね。

悟 :帰りに先生に相談しますか。

李 :はい。先生の研究室はどこですか。

悟 :10号館の３階です。

張 :そうですか。では、帰りに研究室へ行きます。

PRACTICE ①

例を見て、会話してみましょう。
れい　み　かいわ

例 日本語の授業／10時／11時40分／1時間半
　にほんご　じゅぎょう　　じ　　　じ　よんじゅっぷん　　じ かんはん

A：すみません、日本語の授業は何時からですか。
　　　　　　　　にほんご　じゅぎょう　なんじ

B：10時からです。
　　じ

A：何時に終わりますか。
　なんじ　お

B：11時40分に終わります。
　　じ よんじゅっぷん　お

　　1時間半ぐらいです。
　　じ かんはん

A：ありがとうございます。

ありがとう

こんにちは

5

---

1 会議／朝9時／9時半／30分
　かいぎ　あさくじ　くじはん さんじゅっぷん

2 映画／午後4時／5時50分／2時間
　えいが　ごごよじ　じ ごじゅっぷん　じかん

CINEMA

3 新入生歓迎会／夜7時／9時／2時間
　しんにゅうせいかんげいかい　よるしちじ　くじ　じかん

新入生歓迎会

シーン B

失礼します。

はい。

政治経済学部1年の張です。

私は政治経済学部1年の李です。

張さんと李さんは、留学生ですね。

はい。

どうしましたか。

そうですよ。難しいですか。

日本現代史のレポートのご相談です。締め切りは月曜日午後6時ですね。

はい、日本語のレポートは初めてです。少し難しいです。

そうですか……張さんと李さんはいつ日本へ来ましたか。

おととしの10月に中国から来ました。

おととしの10月から今年の3月まで日本語学校の学生でした。3月に日本語学校を卒業しました。

私は今年の3月に韓国から来ました。

大学生活はどうですか。

大学は楽しいですが、日本語のレポートは少し難しいです。

ここにレポートの参考書がありますよ。どうぞ。

そうですか。

ありがとうございます。

70

会話文 B

張・李：失礼します。

先生　：はい。

張　　：政治経済学部１年の張です。

李　　：私は政治経済学部１年の李です。

先生　：張さんと李さんは、留学生ですね。

張・李：はい。

先生　：どうしましたか。

張　　：日本現代史のレポートのご相談です。締め切りは月曜日午後６
　　　　時ですね。

先生　：そうですよ。難しいですか。

張　　：はい、日本語のレポートは初めてです。少し難しいです。

先生　：そうですか……。張さんと李さんはいつ日本へ来ましたか。

張　　：おととしの10月に中国から来ました。おととしの10月から今年
　　　　の３月まで日本語学校の学生でした。３月に日本語学校を卒業
　　　　しました。

李　　：私は今年の３月に韓国から来ました。

先生　：大学生活はどうですか。

張　　：大学は楽しいですが、日本語のレポートは少し難しいです。

先生　：そうですか。ここにレポートの参考書がありますよ。どうぞ。

張　　：ありがとうございます。

張　　：あ、これは島田先生の本ですね。この写真は先生ですか。かっ
　　　　こいいです。

李　　：とてもかっこいいです。そしていつも優しいです。

先生　：ははは……。日本語が上手ですね。

では、レポートの締め切りは……。

張・李：はい。

先生：延期しません。留学生も日本人学生も同じです。レポートの締め切りは来週の月曜日午後6時です。

張・李：……。

先生：私は優しいですが、甘くないですよ。それから、これは先輩たちのレポートです。読みますか。

張：はい、読みます。

李：ありがとうございます。

5

PRACTICE ②

例を見て、会話してみましょう。

> 例　李／今年の3月／韓国のソウル／おととしの4月／中国
>
> A：李さんはいつ日本へ来ましたか。
>
> B：今年の3月に韓国のソウルから来ました。
>
> A：そうですか。私はおととしの4月に、中国から来ました。

1　トミー／去年の9月／アメリカのニューヨーク／

今年の7月／フランス

2　リン／先月／中国の上海／今月／アメリカ

3　シモン／先週の土曜日／フランスのパリ／

今週の月曜日／ドイツ
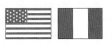

李さんの日記1

今日、島田先生の日本現代史の講義がありました。講義は金曜日の2限、11時からです。

李さんの日記2（1か月後）

今週の講義はレポートの宿題がありました。締め切りは月曜日の午後6時です。日本語のレポートは初めてです。ですから、張さんと一緒に島田先生の研究室へ行きました。先生と相談しましたが、締め切りは変わりませんでした。島田先生は優しいですが、甘くないです。

Q1 島田先生の日本現代史の講義はいつですか。

Q2 レポートの締め切りはいつですか。

Q3 締め切りは変わりましたか。

Q4 島田先生はどんな先生ですか。

タスク&アクティビティー

1. 聴解 (ちょうかい)

会話を聞いてください。
かいわ　き

に言葉を書いてください。
ことば　か

		今日(水) きょう すい	明日(木) あした もく	(金) きん
リンさん	午前 ご ぜん			
	午後 ご ご		_____ の授業 じゅぎょう	

山田先生 やま だ せんせい	午前 ご ぜん			授業 じゅぎょう _____ ～11:30
	午後 ご ご	忙しい いそが	研究室 けんきゅうしつ 1:00～	研究室 けんきゅうしつ

リンさんは ＿＿＿＿＿ 曜日の ＿＿＿＿＿ 時に先生の研究室に行きます。
　　　　　　　　　　ようび　　　　　　じ せんせい けんきゅうしつ　い

MEMO ···

2. ペアワーク 📖

表を見て、次のページの ＿＿＿＿＿ に言葉を書いてください。1人が
先生、もう1人が学生になって読んでみましょう。

学生

	今日(月)	明日(火)	（水）	（木）
午前		× 授業	× 授業	× 授業
午後	○	× 授業	○	○

先生

	今日(月)	明日(火)	（水）	（木）
午前		○ 研究室 10:00〜12:00	× 授業	× 授業
午後	× 会議 2:00〜	× 会議	× 授業	○ 研究室 1:00〜4:00

会話
_{かいわ}

学生：先生、質問があります。今、いいですか。
_{がくせい}　_{せんせい}　_{しつもん}　　　　_{いま}

先生：今日は忙しいです。2時から　　　　　　　　があります。
_{せんせい}　_{きょう}　_{いそが}　　　　　_じ

　　　火曜日は10時から12時まで　　　　　　　にいます。
　　　_{かようび}　　　_じ　　　_じ

　　　火曜日はどうですか。
　　　_{かようび}

学生：すみません。火曜日は午前も午後も
_{がくせい}　　　　　　_{かようび}　_{ごぜん}　_{ごご}

　　　　　　　　　　。

　　　水曜日の午後は大丈夫です。
　　　_{すいようび}　_{ごご}　_{だいじょうぶ}

先生：そうですか。水曜日は　　　　も　　　　も
_{せんせい}　　　　　_{すいようび}

　　　　　　　　　。

　　　木曜日は1時　　　　4時　　　研究室　　　　　　。
　　　_{もくようび}　_じ　　　_じ　　　_{けんきゅうしつ}

　　　どうですか。

学生：大丈夫です。よろしくお願いします。
_{がくせい}　_{だいじょうぶ}　　　　　　　_{ねが}

5

6

アルバイト

大学の近くにコンビニがあります。
張さんは、そのコンビニで
アルバイトの面接を受けます。

店長は張さんに質問をします。
張さんは初めて
アルバイトをします。

アルバイトの先輩の
ムハンマドさんは、
バングラデシュ人です。

6

説明文

　大学の近くにコンビニがあります。張さんは、そのコンビニでアルバイ
トの面接を受けます。店長は張さんに質問をします。
　張さんは初めてアルバイトをします。アルバイトの先輩のムハンマドさ
んは、バングラデシュ人です。

Q1　張さんはどこでアルバイトの面接を受けますか。

Q2　張さんはアルバイトの経験がありますか。

Q3　ムハンマドさんはどこの国の人ですか。

李：これから何をしますか。

張：僕はこれからコンビニで面接を受けます。

李：そうですか。大変ですね。

張：はい、頑張ります。李さんは何をしますか。

李：僕は家に帰ります。授業のレポートを書きます。張さんはもう書きましたか。

張：いいえ、まだです。明日、学校のパソコンで書きます。明日、一緒に昼ご飯を食べませんか。

李：いいですね。一緒に食べましょう。

　　じゃ、また明日。

張：じゃ、また。

*　*　*

張：よろしくお願いします。

店長：よろしくお願いします。履歴書は？

張：はい、これです。こちらはパスポートと学生証のコピーです。

店長：ありがとう。張さんはアルバイトの経験がありますか。

張：いいえ、ありません。

店長：張さんの家はここから遠いですか。

張：いいえ、あまり遠くありません。

　　自転車で２０分ぐらいです。

店長：そうですか。何曜日を希望しますか。

張：月曜日と水曜日と土曜日です。

店長：何時から何時までですか。

張：午後５時から９時までです。

店長：わかりました。じゃ、来週の月曜日から一緒に頑張りましょう。
てんちょう　　　　　　　　　　　　らいしゅう　げつようび　　　いっしょ　がんば

PRACTICE ①

例を見て、会話してみましょう。
れい　み　　　かいわ

例 1　　コンビニで面接を受ける／家に帰る／授業のレポートを書く
　　　　　　　　めんせつ　う　　　いえ　かえ　じゅぎょう　　　　　　か

A：今日は何をしますか。
　　きょう　なに

B：私はこれからコンビニで面接を受けます。
　　わたし　　　　　　　　　　めんせつ　う

　　Aさんは？

A：私は家に帰ります。授業のレポートを書きます。
　　わたし　いえ　かえ　　　じゅぎょう　　　　　　か

1　アルバイトがある／公園へ行く／野球の練習をする
　　　　　　　　　　こうえん　い　　　やきゅう　れんしゅう

2　新宿で映画を見る／本屋へ行く／参考書を買う
　　しんじゅく　えいが　み　　　ほんや　い　　　さんこうしょ　か

例 2　　昼ご飯を食べる／12時頃／食堂
　　　　　　ひる　はん　た　　　　じ　ごろ　しょくどう

A：Bさん、明日時間がありますか。
　　　　　　あした　じかん

　　一緒に昼ご飯を食べませんか。
　　いっしょ　ひる　はん　た

B：いいですね。一緒に食べましょう。
　　　　　　　　　いっしょ　た

A：では、12時頃、食堂で会いませんか。
　　　　　じ　ごろ　しょくどう　あ

B：はい、そうしましょう。

1　運動する／朝7時頃／公園
　　うんどう　　あさ しち じ ごろ　こうえん

2　映画を見る／午後3時頃／駅
　　えいが　み　　　ご ご　じ ごろ　えき

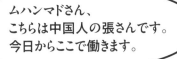

ムハンマドさん、
こちらは中国人の張さんです。
今日からここで働きます。

はじめまして、張です。
よろしくお願いします。

はじめまして、
ムハンマドです。おととし
バングラデシュから来ました。

こちらこそ、
よろしくお願いします。

では、
一緒にお弁当を並べましょう。

はい。私が運びましょうか。

お願いします。

これからコロッケを揚げます。

コロッケは何ですか。

コロッケは揚げ物です。
じゃがいもと肉と玉ねぎで作ります。

会話文 B

店長 : ムハンマドさん、こちらは中国人の張さんです。今日から

ここで働きます。

張 : はじめまして、張です。

よろしくお願いします。

ムハンマド：はじめまして、ムハンマドです。

おととしバングラデシュから来ました。

こちらこそ、よろしくお願いします。

では、一緒にお弁当を並べましょう。

張 : はい。私が運びましょうか。

ムハンマド：お願いします。

＊　＊　＊

ムハンマド：これからコロッケを揚げます。

張 : コロッケは何ですか。

ムハンマド：コロッケは揚げ物です。じゃがいもと肉と玉ねぎで作ります。

す。

張 : おいしいですか。

ムハンマド：とてもおいしいですよ。

＊　＊　＊

ムハンマド：次は、レジです。

張さんはレジ打ちがわかりますか。

張 : いいえ。アルバイトは初めてです。

何もわかりません。

ムハンマド：そうですか。あ、お客さんです。

いらっしゃいませ。

ムハンマド：1,240円です。1,300円お預かりします。60円のお返しです。
ありがとうございました。

PRACTICE ②

例を見て、会話してみましょう。

例　コロッケ／じゃがいもと肉と玉ねぎ

A：コロッケを作りましょうか。

B：コロッケの材料は何ですか。

A：じゃがいもと肉と玉ねぎで作ります。

　おいしいですよ。

1　から揚げ／鶏肉

2　天ぷら／えびや野菜

3　すき焼き／肉や野菜

読解文

張さんの日記

6月5日

今日、大学で李さんと話しました。李さんは、家でレポートを書きます。僕は明日、学校のパソコンでレポートを書きます。日本語でレポートを書きます。ですから、時間がかかります。

大学の帰りに、コンビニで面接を受けました。店長は僕にいろいろな質問をしました。これからコンビニでアルバイトをします。

6月14日

今日からコンビニでアルバイトを始めました。バングラデシュ人のムハンマドさんは、アルバイトの先輩です。彼は親切で日本語が上手です。

僕にコンビニの仕事を教えました。コンビニの仕事はとても多いです。僕はまだ何もできません。日本語もまだ上手ではありません。時々、お客さんの日本語がわかりません。これから頑張ります。

6月5日	Q1	李さんは今日、何をしますか。
	Q2	張さんは大学の帰りに、何をしましたか。
6月14日	Q3	ムハンマドさんはどんな人ですか。
	Q4	コンビニの仕事はどうですか。

タスク&アクティビティー

1. 聴解 🎧
ちょうかい

① 会話を聞いて、（　　　　）の中の正しいものに〇をつけましょう。
かいわ　き　　　　　　　　　なか　ただ

• 男子学生と女子学生は、（　春休み　夏休み　冬休み　）に友達と一緒に
だん し がくせい　じょ し がくせい　　　はるやす　なつやす　ふゆやす　　　ともだち　いっしょ

（　コンサート　映画　美術館　）へ行きます。
えい が　び じゅつかん　い

• （　学校　家　駅　）の近くの（　スーパー　コンビニ　レジ　）で
がっこう　いえ　えき　　ちか

（　チケット　切手　お弁当　）を買いました。
きって　べんとう　か

② もう一度会話を聞いて、順番の通りに下の図の記号を書きましょう。
いち ど かい わ　き　　　じゅんばん　とお　　した　ず　き ごう　か

（　エ　）→（　　　　）→（　　　　）→（　　　　）→（　　　　）

ア

イ

ウ

エ

オ

2. ペアワーク 🗨

AさんはスケジュールA、BさんはスケジュールBを見てください。

例のように会話しましょう。

例　A：Bさん、映画に行きませんか。

　　B：いつですか。

　　A：火曜日の夜はどうですか。

　　B：すみません、火曜日の夜は約束があります。木曜日の夜はどうで

　　　　すか。

　　A：大丈夫です。木曜日に行きましょう。

例　映画　食事　カラオケ　コンサート　バーベキュー　図書館

A

	午前 (9:00〜12:00)	午後 (12:00〜18:00)	夜 (18:00〜)
月	授業	授業	サークル
火	授業		
水	授業		
木	授業	授業	
金		サークル	18:00〜 剛士さんと約束
土	アルバイト		
日		アルバイト	

B

	午前 ごぜん (9:00～12:00)	午後 ごご (12:00～18:00)	夜 よる (18:00～)
月 げつ	授業 じゅぎょう	授業 じゅぎょう	
火 か		14:00～ 先生と約束 せんせい　やくそく	19:00～ 陽奈さんと約束 ひな　　　　　　やくそく
水 すい	授業 じゅぎょう	授業 じゅぎょう	アルバイト
木 もく	授業 じゅぎょう		
金 きん		サークル	
土 ど	アルバイト		
日 にち		アルバイト	

6

第 **7** 課

サークルの
ミーティング

今日、国際交流サークルのミーティングがあります。
ミーティングの場所は学校の食堂です。
サークルの部長は莉子さんで、
理工学部の3年生です。

食堂の奥の席に莉子さんや
陽奈さんたちがいます。
陽奈さんは商学部の1年生です。
これからみんなで
7月の合宿の予定を立てます。

7

説明文

　今日、国際交流サークルのミーティングがあります。ミーティングの場
所は学校の食堂です。サークルの部長は莉子さんで、理工学部の3年生で
す。

　食堂の奥の席に莉子さんや陽奈さんたちがいます。陽奈さんは商学部の
1年生です。これからみんなで7月の合宿の予定を立てます。

Q1　国際交流サークルの部長は誰ですか。

Q2　陽奈さんは何年生ですか。

Q3　これから、みんなは何をしますか。

サークルの
みんなはどこにいますか。

あ、あそこにいますよ。

張さん、李さん、ここです。

こんにちは。

みんな来ましたか。

1人足りません。
剛士さんがいません。

そうですか。
でも時間です。

じゃ、始めましょう。私たちの
サークルは、毎年7月に合宿があります。
1年生のみなさん、合宿の経験がありますか。

私はあります。高校で。

えっ、合宿？
それは何ですか。
何をしますか。

みんなで旅館に泊まります。

そこで練習とか、いろいろな
サークルの活動をします。
楽しいですよ。

にこっ

泊まりますか。いいですね。
どこに行きますか。

今から決めます。
去年は箱根に行きました。

箱根に何がありますか。

涼しくて
きれいなところがいいですね。

山や湖があります。温泉もありますよ。
去年はバーベキューとかハイキングとか
をしました。
今年はどこに行きますか。

そうですね。
北海道はどうですか。

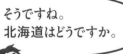

北海道は遠いですね。
やっぱり東京の近くでしましょう。

ごめん！遅れました！

何の話ですか？

張（ちょう）　：サークルのみんなはどこにいますか。

李（い）　：あ、あそこにいますよ。

葵（あおい）　：張（ちょう）さん、李（い）さん、ここです。

張（ちょう）・李（い）：こんにちは。

莉子（りこ）　：みんな来（き）ましたか。

葵（あおい）　：１人（ひとり）足（た）りません。剛士（つよし）さんがいません。

莉子（りこ）　：そうですか。でも時間（じかん）です。じゃ、始（はじ）めましょう。

　　　　私（わたし）たちのサークルは、毎年（まいとし）７月（しちがつ）に合宿（がっしゅく）があります。１年生（ねんせい）のみ

　　　　なさん、合宿（がっしゅく）の経験（けいけん）がありますか。

陽奈（ひな）　：私（わたし）はあります。高校（こうこう）で。

張（ちょう）　：えっ、合宿（がっしゅく）？　それは何（なん）ですか。何（なに）をしますか。

葵（あおい）　：みんなで旅館（りょかん）に泊（と）まります。そこで練習（れんしゅう）とか、いろいろなサー

　　　　クルの活動（かつどう）をします。楽（たの）しいですよ。

張（ちょう）　：泊（と）まりますか。いいですね。

　　　　どこに行（い）きますか。

莉子（りこ）　：今（いま）から決（き）めます。

　　　　去年（きょねん）は箱根（はこね）に行（い）きました。

李（い）　：箱根（はこね）に何（なに）がありますか。

莉子（りこ）　：山（やま）や湖（みずうみ）があります。温泉（おんせん）もありますよ。去年（きょねん）はバーベキューと

　　　　かハイキングとかをしました。今年（ことし）はどこに行（い）きますか。

陽奈（ひな）　：涼（すず）しくてきれいなところがいいですね。

張（ちょう）　：そうですね。北海道（ほっかいどう）はどうですか。

莉子（りこ）　：北海道（ほっかいどう）は遠（とお）いですね。やっぱり東京（とうきょう）の近（ちか）くでしましょう。

剛士（つよし）　：ごめん！　遅（おく）れました！　何（なん）の話（はなし）ですか。

PRACTICE ①

例を見て、会話してみましょう。
<small>れい　み　かい わ</small>

例　サークル／合宿／練習／発表
<small>がっしゅく　れんしゅう　はっぴょう</small>

A：私たちのサークルは、毎年合宿があります。
<small>わたし　まいとしがっしゅく</small>

B：合宿で何をしますか。
<small>がっしゅく　なに</small>

A：みんなで練習とか発表とかをします。
<small>れんしゅう　はっぴょう</small>

B：なるほど。わかりました。

1　会社／歓迎会／食事／話
<small>かいしゃ　かんげいかい　しょくじ　はなし</small>

2　高校／旅行／観光／歴史の勉強
<small>こうこう　りょこう　かんこう　れきし　べんきょう</small>

3　日本語学校／体育祭／卓球／バスケットボール
<small>に ほん ご がっこう　たいいくさい　たっきゅう</small>

では、今年の合宿の場所を決めましょう。

軽井沢はどうですか。

軽井沢はどこにありますか。

軽井沢は長野県にあります。涼しくてきれいなところですよ。果物もおいしいです。

そうですね。長野県のりんごやぶどうは有名です。

いいですね。僕は果物が大好きです。

伊豆はどうですか。

伊豆？『伊豆の踊子』のところですか。

そうですよ。張さんは川端康成の本が好きですか。

はい。川端康成は世界中で有名ですよ。伊豆は海に近いですね。

うん、海に近いです。牧場もあります。

牧場に何がいますか。

羊とか牛とかがいます。おいしい肉がいっぱいありますよ。またバーベキューをしましょう。

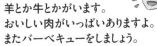

またバーベキューですか。
本当に肉が好きですね。

でも、伊豆はちょっと不便ですよ。

大丈夫です。

僕は車があります。

ほかの人は
車がありません。

そうですね。もっと近くて
便利なところのほうがいいですね。

じゃ、やっぱり
軽井沢に行きませんか。
美術館とか博物館とかもありますよ。

そうですね。
新幹線で1時間です。

私は賛成です。

じゃ、軽井沢に行きましょう。

会話文 B

莉子：では、今年の合宿の場所を決めましょう。

葵　：軽井沢はどうですか。

李　：軽井沢はどこにありますか。

陽奈：軽井沢は長野県にあります。涼しくてきれいなところですよ。果物もおいしいです。

葵　：そうですね。長野県のりんごやぶどうは有名です。

李　：いいですね。僕は果物が大好きです。

剛士：伊豆はどうですか。

張　：伊豆？『伊豆の踊子』のところですか。

葵　：そうですよ。張さんは川端康成の本が好きですか。

張　：はい。川端康成は世界中で有名ですよ。伊豆は海に近いですね。

剛士：うん、海に近いです。牧場もあります。

李　：牧場に何がいますか。

剛士：羊とか牛とかがいます。

　　　おいしい肉がいっぱいありますよ。

　　　またバーベキューをしましょう。

葵　：またバーベキューですか。本当に肉が好きですね。

陽奈：でも、伊豆はちょっと不便ですよ。

剛士：大丈夫です。僕は車があります。

陽奈：ほかの人は車がありません。

莉子：そうですね。もっと近くて便利なところのほうがいいですね。

葵　：じゃ、やっぱり軽井沢に行きませんか。美術館とか博物館とかもありますよ。

陽奈：そうですね。新幹線で1時間です。

私は賛成です。
<ruby>私<rt>わたし</rt></ruby>　<ruby>賛成<rt>さんせい</rt></ruby>

莉子：じゃ、軽井沢に行きましょう。
<ruby>莉子<rt>りこ</rt></ruby>　　　<ruby>軽井沢<rt>かるいざわ</rt></ruby>　<ruby>行<rt>い</rt></ruby>

PRACTICE ②

例を見て、会話してみましょう。
<ruby>例<rt>れい</rt></ruby>　<ruby>見<rt>み</rt></ruby>　　<ruby>会話<rt>かいわ</rt></ruby>

例　軽井沢／長野県／山や湖／美術館
　　<ruby>軽井沢<rt>かるいざわ</rt></ruby>　<ruby>長野県<rt>ながのけん</rt></ruby>　<ruby>山<rt>やま</rt></ruby>　<ruby>湖<rt>みずうみ</rt></ruby>　<ruby>美術館<rt>びじゅつかん</rt></ruby>

A：今年の合宿の場所、軽井沢はどうですか。
　　<ruby>今年<rt>ことし</rt></ruby>　<ruby>合宿<rt>がっしゅく</rt></ruby>　<ruby>場所<rt>ばしょ</rt></ruby>　<ruby>軽井沢<rt>かるいざわ</rt></ruby>

B：軽井沢はどこにありますか。
　　<ruby>軽井沢<rt>かるいざわ</rt></ruby>

A：長野県にあります。
　　<ruby>長野県<rt>ながのけん</rt></ruby>

B：軽井沢に何がありますか。
　　<ruby>軽井沢<rt>かるいざわ</rt></ruby>　<ruby>何<rt>なに</rt></ruby>

A：山や湖があります。美術館もありますよ。
　　<ruby>山<rt>やま</rt></ruby>　<ruby>湖<rt>みずうみ</rt></ruby>　　　　<ruby>美術館<rt>びじゅつかん</rt></ruby>

1　伊豆／静岡県／山や海／温泉
　　<ruby>伊豆<rt>いず</rt></ruby>　<ruby>静岡県<rt>しずおかけん</rt></ruby>　<ruby>山<rt>やま</rt></ruby>　<ruby>海<rt>うみ</rt></ruby>　<ruby>温泉<rt>おんせん</rt></ruby>

2　箱根／神奈川県／温泉／美術館や博物館
　　<ruby>箱根<rt>はこね</rt></ruby>　<ruby>神奈川県<rt>かながわけん</rt></ruby>　<ruby>温泉<rt>おんせん</rt></ruby>　<ruby>美術館<rt>びじゅつかん</rt></ruby>　<ruby>博物館<rt>はくぶつかん</rt></ruby>

3　日光／栃木県／お寺や神社／スキー場
　　<ruby>日光<rt>にっこう</rt></ruby>　<ruby>栃木県<rt>とちぎけん</rt></ruby>　<ruby>寺<rt>てら</rt></ruby>　<ruby>神社<rt>じんじゃ</rt></ruby>　　　　<ruby>場<rt>じょう</rt></ruby>

読解文

張さんの日記

夏休みにサークルの合宿があります。みんなと一緒に泊まります。2泊3日です。合宿は初めてです。とても楽しみです。

今日、みんなで場所を決めました。今年の合宿の場所は軽井沢です。軽井沢は長野県の東にあります。東京から新幹線でだいたい1時間です。近くて便利です。軽井沢は有名な避暑地で、涼しくてきれいなところです。牧場や美術館などがあります。外国人観光客も多いです。

剛士さんは伊豆を提案しました。伊豆は静岡県にあります。『伊豆の踊子』の舞台です。『伊豆の踊子』は川端康成の小説です。川端康成は日本の有名な作家で、ノーベル文学賞の受賞者です。

Q1 夏休みに何がありますか。

Q2 合宿の場所はどこですか。東京からどのくらいかかりますか。

Q3 伊豆はどこにありますか。

Q4 『伊豆の踊子』は誰の小説ですか。

タスク＆アクティビティー

1. 聴解 🎧

陽奈さんと李さんがパソコンの画面を見て、合宿の旅館の話をしています。2人はどこがいいと言っていますか。

李 ：

陽奈：

① 緑荘

駅から 15分
1 泊　6,800円
会議室・カラオケ・BBQ
空き状況・予約へ

② 高原荘

駅から 25分
1 泊　6,500円
コンビニが近い
会議室・卓球・BBQ
空き状況・予約へ

③ グリーンホテル

駅から 5分
1 泊　9,000円
会議室
温泉
空き状況・予約へ

2. 書きましょう　✏️

あなたの学校／うち／駅の近くに何がありますか。下の　[　]　に例のように簡単な図をかきましょう。

それから、例のように　＿＿＿＿＿＿＿　に説明の文を書きましょう。

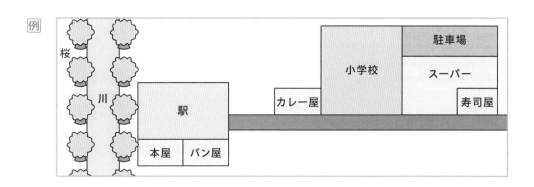

例｜駅の中に本屋とパン屋があります。駅の横に川があります。その川の

右と左に桜がたくさんあります。春の桜はとてもきれいです。駅の前

にカレー屋があります。このカレー屋は安くておいしいです。その隣

は小学校です。小学校の隣に大きいスーパーがあります。スーパーの

1階に寿司屋があります。スーパーの後ろに駐車場があります。

図

説明の文

8

第　課

カフェ

トミーさんはアメリカ人の留学生で、張さんの友達です。

南先生は日本語学校の先生です。張さんとトミーさんの日本語の先生でした。今は詩瑶さんの日本語の先生です。

今日は日曜日です。張さんとトミーさんは南先生に会います。約束の時間は10時でしたが、トミーさんはなかなか来ません。

説明文

　トミーさんはアメリカ人の留学生で、張さんの友達です。南先生は日本
語学校の先生です。張さんとトミーさんの日本語の先生でした。今は詩瑶
さんの日本語の先生です。

　今日は日曜日です。張さんとトミーさんは南先生に会います。約束の時
間は10時でしたが、トミーさんはなかなか来ません。

Q1　トミーさんはどこからの留学生ですか。

Q2　南先生は何の先生ですか。

Q3　張さんとトミーさんは今日、何をしますか。

張さん、久しぶりですね。

南先生、お久しぶりです。

元気ですか。

はい、元気です。
南先生はお元気ですか。

元気ですよ。
トミーさんはまだですか。

はい、まだです。
遅いですね。

大学生活はどうですか。

大変ですか。どうしてですか。

楽しいですが、
大変です。

レポートが多いですから。それに、
最近コンビニでアルバイトを始め
ました。忙しいです。

毎日アルバイトですか。

いいえ、週に3日です。
1日に4時間働きます。

それは忙しいですね。

 はい。南先生はお忙しいですか。

忙しいですよ。
毎日授業があります。

それから、
1週間に2回、受験指導をします。

そうですか。
南先生のクラスに私の妹がいます。
名前は詩瑶です。

えっ！詩瑶さんは張さんの妹さんですか。詩瑶さんは勉強熱心で、まじめな学生ですよ。

そうですか。安心しました。

すみません。遅れました。

遅いですよ。15分待ちましたよ。

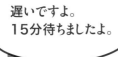

携帯を忘れました。家に取りに帰りました。

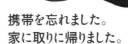

8

大変でしたね。じゃあ、カフェに行きましょう。

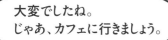

会話文 A

南（みなみ）　：張さん、久しぶりですね。

張（ちょう）　：南先生（みなみせんせい）、お久（ひさ）しぶりです。

南（みなみ）　：元気（げんき）ですか。

張（ちょう）　：はい、元気（げんき）です。南先生（みなみせんせい）はお元気（げんき）ですか。

南（みなみ）　：元気（げんき）ですよ。トミーさんはまだですか。

張（ちょう）　：はい、まだです。遅（おそ）いですね。

南（みなみ）　：大学生活（だいがくせいかつ）はどうですか。

張（ちょう）　：楽（たの）しいですが、大変（たいへん）です。

南（みなみ）　：大変（たいへん）ですか。どうしてですか。

張（ちょう）　：レポートが多（おお）いですから。それに、最近（さいきん）コンビニでアルバイトを始（はじ）めました。忙（いそが）しいです。

南（みなみ）　：毎日（まいにち）アルバイトですか。

張（ちょう）　：いいえ、週（しゅう）に３日（みっか）です。１日（いちにち）に４時間働（よじかんはたら）きます。

南（みなみ）　：それは忙（いそが）しいですね。

張（ちょう）　：はい。南先生（みなみせんせい）はお忙（いそが）しいですか。

南（みなみ）　：忙（いそが）しいですよ。毎日授業（まいにちじゅぎょう）があります。それから、１週間（いっしゅうかん）に２回（かい）、受験指導（じゅけんしどう）をします。

張（ちょう）　：そうですか。南先生（みなみせんせい）のクラスに私（わたし）の妹（いもうと）がいます。名前（なまえ）は詩瑶（しよう）です。

南（みなみ）　：えっ！　詩瑶（しよう）さんは張（ちょう）さんの妹（いもうと）さんですか。詩瑶（しよう）さんは勉強熱心（べんきょうねっしん）で、まじめな学生（がくせい）ですよ。

張（ちょう）　：そうですか。安心（あんしん）しました。

トミー：すみません。遅（おく）れました。

張（ちょう）　：遅（おそ）いですよ。15分待（ふんま）ちましたよ。

トミー：携帯（けいたい）を忘（わす）れました。家（いえ）に取（と）りに帰（かえ）りました。

南（みなみ）　：大変（たいへん）でしたね。じゃあ、カフェに行（い）きましょう。

110

PRACTICE ①

例を見て、会話してみましょう。

例 1　大学生活／レポートが多い

A：大学生活はどうですか。

B：楽しいですが、大変です。

A：大変ですか。どうしてですか。

B：レポートが多いですから。

1　サークル／練習が多い　　　　　　2　日本語の授業／漢字が難しい

3　アルバイト／レジ打ちがあまり好きではない

例 2　アイスコーヒーを飲む・1つ／チョコレートケーキを食べる・1つ

張　：私はアイスコーヒーが飲みたいです。李さんは？

李　：私はチョコレートケーキが食べたいです。

張　：すみません、アイスコーヒーを1つと、

　　　チョコレートケーキを1つお願いします。

店員：わかりました。

1　天ぷらを食べる／1つ　　から揚げを食べる／1つ

2　りんごジュースを買う／1本　　コロッケを買う／1個

例 3　入学式／家族／母・ネクタイ／父・日本の小説／おじいさん・かばん

今日は入学式です。

家族は私にプレゼントをたくさんくれました。

母は私にネクタイをくれました。

父から日本の小説をもらいました。

そして、おじいさんからかばんをもらいました。

とてもうれしかったです。

1　私の誕生日／友達　　Aさん・花　Bさん・チョコレート　Cさん・紅茶

2　クリスマス／クラスの友達　　Aさん・時計　Bさん・靴　Cさん・お菓子

南　　：暑いですね。アイスコーヒーが飲みたいです。

張　　：私はアイスクリームが食べたいです。

トミー：私もアイスクリームを食べます。

　　　　すみません。アイスコーヒーを１つと、アイスクリームを２つ

　　　　お願いします。

＊　＊　＊

南　　：トミーさんは法学部ですね。目標はありますか。

トミー：法律の資格を取りたいです。そして、日本で働きたいです。

南　　：法律の資格は難しいですね。

トミー：はい、とても難しいです。でも、先輩がいつもアドバイスをく

　　　　れます。

南　　：頑張ってください！

南　　：ところで、トミーさん、今日、おしゃれですね。

張　　：本当ですね。素敵なネクタイです。どうしてですか。

トミー：夜、デートに行きますから。

張　　：デートですか。誰と？

トミー：彼女ですよ。もちろん。

張　　：彼女がいますか。いいですね。

　　　　私も彼女が欲しいです。

トミー：このネクタイはクリスマスに彼女にもらいました。

南　　：トミーさんは彼女に何をあげましたか。

トミー：愛をあげました。

南　　：え？

トミー：冗談ですよ。マフラーをあげました。

＊　＊　＊

南　　　　：今日は楽しかったですね。これはプレゼントです。日本語
（みなみ）（きょう）（たの）　　　　　　　　　　　　　　　　　　　　　　（にほんご）

　　　　　　の小説です。
　　　　　　　（しょうせつ）

　　　　　　おもしろいですよ。どうぞ。

張・トミー：ありがとうございます。
（ちょう）

張　　　　：私も先生にプレゼントがあります。
（ちょう）　　（わたし）（せんせい）

　　　　　　お菓子です。
　　　　　　　（か し）

南　　　　：ありがとう。
（みなみ）

　　　　　　また会いましょう。
　　　　　　　（あ）

張さんの日記
ちょう　　　にっき

　日曜日、南先生とトミーさんに会いました。みんなでカフェに行きました。カフェで大学生活の話をしました。トミーさんは三田大学法学部の1年生です。法学部の学生はさまざまな法律を勉強します。弁護士は法学部の卒業生が多いです。私も以前法学部に入りたかったです。今の目標はジャーナリストです。

　帰りに、南先生は私たちに日本語の小説をくださいました。話題の作品で、非常に人気があります。これから読みます。私も南先生にお菓子をさしあげました。

Q1 日曜日に3人はカフェで何をしましたか。

Q2 法学部の学生は何を勉強しますか。

Q3 張さんの目標は何ですか。

Q4 張さんとトミーさんは南先生に何をいただきましたか。

1. 聴解
ちょうかい

南先生がクラスの学生に夏休みの予定を聞きました。
みなみせんせい　　　　　　　　　　がくせい　なつやす　　よてい　　き

会話を聞いて、サラさん、カリナさん、ワンさんの予定を表に書いてく
かいわ　き　　　　　　　　　　　　　　　　　　　　　　　　よてい　ひょう　か

ださい。

名前 なまえ	場所 ばしょ	何がありますか なに	何をしたいですか なに
例 キムさん	沖縄 おきなわ	きれいな海 うみ	海で泳ぎたいです うみ　およ
サラさん			
カリナさん			
ワンさん			

8

MEMO ··

2. 読解 📖
   どっかい

下の文を読んでください。
   した ぶん よ

　タンさんは８時に家を出ました。８時３０分に大学に着きました。大学の門
　　　　　　じ いえ で　　　　　じさんじゅっぷん だいがく つ　　　　　　　　だいがく もん
の前で、おじいさんに会いました。おじいさんはタンさんに聞きました。
　まえ　　　　　　　　　　あ　　　　　　　　　　　　　　　　　　　　　き

おじいさん　　：すみません。食堂はどこですか。
　　　　　　　　　　　　　　しょくどう
タン　　　　　　：食堂はあちらです。でも、１１時からですよ。これ、１つどうぞ。
　　　　　　　しょくどう　　　　　　　　　じ
　　　　　　　　パンです。
おじいさん　　：ありがとう。これは珍しい笛です。どうぞ。
　　　　　　　　　　　　　　　　めずら ふえ
タン　　　　　　：ありがとうございます。

　タンさんは教室に授業を受けに行きました。９時から12時まで勉強しました。
　　　　　　きょうしつ じゅぎょう う　い　　　　くじ　　　じ　　べんきょう
タンさんは教室を出ました。外にパンを食べに行きました。木の近くに珍しい
　　　　きょうしつ で　　　そと　　　　た　い　　　き ちか めずら
小鳥がいました。タンさんは笛を吹きました。小鳥が近くに来ました。タン
ことり　　　　　　　　　　　ふえ ふ　　　　ことり ちか き
さんは小鳥にパンを少しやりました。小鳥はきれいな羽根を２枚タンさんにくれ
　　　ことり　　　すこ　　　　　ことり　　　　はね まい
ました。
　タンさんはきれいな羽根を上着のポケットに入れました。タンさんは教室に
　　　　　　　　　　はね うわぎ　　　　い　　　　　　　　　きょうしつ
午後の授業を受けに行きました。それから図書館に行きました。図書館に小林
ごご じゅぎょう う　い　　　　　　としょかん い　　　としょかん こばやし
先生がいました。先生はタンさんのポケットの羽根を見ました。
せんせい　　　　せんせい　　　　　　　　　　　　はね み

先生：きれいな羽根ですね。
せんせい　　　はね
タン：はい。とても珍しい小鳥が２枚くれました。先生、１枚どうぞ。
　　　　　　　めずら ことり まい　　　　せんせい まい
先生：ありがとう。これはプレゼントです。ペンです。どうぞ。
せんせい
タン：わあ、おしゃれですね。ありがとうございます。

タンさんはとてもうれしかったです。
　　　　　　　　　　＊　＊　＊
ルームメート：タンさん、８時ですよ。授業は９時からですよ。
　　　　　　　　　　　　じ　　じゅぎょう くじ
タン　　　　　：えっ、朝の８時ですか。
　　　　　　　あさ じ
ルームメート：はい。もちろん朝の８時ですよ。
　　　　　　　　　　　　あさ じ

タンさんはベッドの中にいました。
　　　　　　　　　なか

① 話の順番の通りに、下の絵の番号を書きましょう。
　 はなし じゅんばん　とお　　　 した　え　ばんごう　か

(　2　) → (　　　) → (　　　) → (　　　) → (　　　)

② ＿＿＿＿＿ に言葉を書いてください。後ろの(　　　　)は下の
　 　　　　　　　　　　 ことば か　　　　　　　 うし　　　　　　　 した
＿＿＿＿＿ から選んでください。
　　　　　 えら

大学の門の前で だいがく もん まえ	タンさんは　　　　に	を(	)
	タンさんは　　　　に	を(	)
外で そと	タンさんは　　　　に	を(	)
	タンさんは　　　　に	を(	)
図書館で としょかん	タンさんは　　　　に	を(	)
	はタンさんに	を(	)

やりました　あげました　さしあげました　もらいました

くれました　くださいました

9

第　課

図書館
としょかん

来週、期末試験があります。
張さんと李さんは
毎日試験の勉強をしていますが、
自信がありません。

講義が終わってから、
葵さんは2人を図書館へ誘いました。
剛士さんも同じ講義を受けています。
みんなで図書館へ行きます。

図書館の自習室では話を
してはいけません。
ですから、グループ学習室を
予約しました。
昼ご飯を食べてから、
そこで勉強します。

説明文

　来週、期末試験があります。張さんと李さんは毎日試験の勉強をしていますが、自信がありません。講義が終わってから、葵さんは2人を図書館へ誘いました。剛士さんも同じ講義を受けています。みんなで図書館へ行きます。

　図書館の自習室では話をしてはいけません。ですから、グループ学習室を予約しました。昼ご飯を食べてから、そこで勉強します。

Q1　来週何がありますか。

Q2　誰が図書館へ行きましたか。

Q3　グループ学習室で何をしますか。

張さん、元気がないですね。
どうしましたか。

期末試験がとても心配です。
もうすぐですから。

僕も心配です。
毎日勉強していますが、自信がありません。
今日も朝起きて、少し復習してから来ました。

じゃあ、
これから図書館で一緒に勉強しませんか。
私はいつも図書館で勉強していますよ。

いいですね。
そうしましょう。

ちょっと待ってください。
僕を忘れてはいけませんよ。

僕も行きます。
一緒に勉強したいです。
図書館の自習室ですか。

ちょん。

いいえ、
グループ学習室に行きましょう。

自習室では話を
してはいけませんから。

葵 ：張さん、元気がないですね。どうしましたか。
（あおい）（ちょう）（げんき）

張 ：期末試験がとても心配です。もうすぐですから。
（ちょう）（きまつしけん）（しんぱい）

李 ：僕も心配です。毎日勉強していますが、自信がありません。今日
（い）（ぼく）（しんぱい）（まいにちべんきょう）（じしん）（きょう）
　　　も朝起きて、少し復習してから来ました。
　　　（あさお）（すこ）（ふくしゅう）（き）

葵 ：じゃあ、これから図書館で一緒に勉強しませんか。私はいつも図
（あおい）（としょかん）（いっしょ）（べんきょう）（わたし）（と）
　　　書館で勉強していますよ。
　　　（しょかん）（べんきょう）

李 ：いいですね。そうしましょう。
（い）

剛士：ちょっと待ってください。僕を忘れてはいけませんよ。僕も行き
（つよし）（ま）（ぼく）（わす）（ぼく）（い）
　　　ます。一緒に勉強したいです。図書館の自習室ですか。
　　　（いっしょ）（べんきょう）（としょかん）（じしゅうしつ）

葵 ：いいえ、グループ学習室に行きましょう。自習室では話をしては
（あおい）（がくしゅうしつ）（い）（じしゅうしつ）（はなし）
　　　いけませんから。

張 ：じゃあ、グループ学習室を予約しましょうか。
（ちょう）（がくしゅうしつ）（よやく）

葵 ：お願いします。
（あおい）（ねが）

張 ：２時から空いています。これから食堂で昼ご飯を食べて、学習室
（ちょう）（じ）（あ）（しょくどう）（ひる）（はん）（た）（がくしゅうしつ）
　　　へ行きましょう。
　　　（い）

李 ：そうしましょう。
（い）

剛士：僕は郵便局に寄ってから、学習室へ行きます。どうぞ、先に行っ
（つよし）（ぼく）（ゆうびんきょく）（よ）（がくしゅうしつ）（い）（さき）（い）
　　　てください。

葵 ：はい。
（あおい）

例を見て、会話してみましょう。
_{れい み かい わ}

例

A：来週は日本語の試験ですね。これから何をしますか。
　　_{らいしゅう にほんご しけん}　　　　　　　　　_{なに}

B：文法を復習して、それから漢字の練習をします。
　　_{ぶんぽう ふくしゅう}　　　　　　　_{かんじ れんしゅう}

A：聴解の練習をしていますか。
　　_{ちょうかい れんしゅう}

B：はい。毎日やさしい日本語のニュースを聞いています。／いいえ。していま
　　　　_{まいにち}　　　　　_{にほんご}　　　　　_き

　　せん。

1　レポートの発表／レポートをもう一度読む／パワーポイントを作る／
　　　　　　_{はっぴょう}　　　　　　　_{いちどよ}　　　　　　　　　　　　_{つく}

　　話す練習をする／まだしていない
　　_{はな れんしゅう}

2　新入生の歓迎会／お店を選ぶ／予約をする／安くていい店を知る／
　　_{しんにゅうせい かんげいかい}　_{みせ えら}　_{よやく}　　_{やす}　　　_{みせ し}

　　今インターネットで探す
　　_{いま}　　　　　　　_{さが}

3　ダンスサークルの発表／教室でグループの練習をする／
　　　　　　　　　　_{はっぴょう}　_{きょうしつ}　　　　　_{れんしゅう}

　　みんなで体育館の舞台で練習する／1人の練習をする／毎日家でする
　　　　　_{たいいくかん ぶたい れんしゅう}　_{ひとり れんしゅう}　_{まいにちいえ}

9

広いですね。
グループ学習室は初めて来ました。

僕も初めてです。
プロジェクターもありますね。
いいですね。

ここで飲み物を飲んでもいいですか。

飲んでもかまいません。
でも、食べ物はだめです。

はい。

わかりました。

じゃあ、テスト範囲を確認
して、勉強を始めましょう。

葵さん、
ちょっと聞いてもいいですか。

いいですよ。
何ですか。

あの、
この問題を教えてください。

うーん、難しいですね。

ガチャッ

もう勉強を
始めていますね。
みんなまじめですね。

あ、剛士さん。
この問題が難しいです。
今、葵さんに聞いています。

どれですか。
見せてください。

ふ、一む。

これです。とても難しいですよ。
たぶん剛士さんが見てもわかりません。

あ、これですか。

答えは B ですよ。

もう答えがわかりましたか。
すごいですね。

実は、
この講義は2回目です。
去年も受けました。

どうして2回目ですか。

僕は勉強が好きですから。

・・・・・。

じ————っ

・・・ありえない。

会話文 B

張：広いですね。グループ学習室は初めて来ました。
(ちょう)

李：僕も初めてです。プロジェクターもありますね。いいですね。
(い)

張：ここで飲み物を飲んでもいいですか。
(ちょう)

葵：飲んでもかまいません。でも、食べ物はだめです。
(あおい)

張：わかりました。
(ちょう)

葵：じゃあ、テスト範囲を確認して、勉強を始めましょう。
(あおい)

張・李：はい。
(ちょう)(い)

＊　＊　＊

張：葵さん、ちょっと聞いてもいいですか。
(ちょう)

葵：いいですよ。何ですか。
(あおい)

張：あの、この問題を教えてください。
(ちょう)

葵：うーん、難しいですね。
(あおい)

剛士：もう勉強を始めていますね。みんなまじめですね。
(つよし)

張：あ、剛士さん。この問題が難しいです。
(ちょう)
　　今、葵さんに聞いています。

剛士：どれですか。見せてください。
(つよし)

葵：これです。とても難しいですよ。たぶん剛士さんが見てもわか
(あおい)
　　りません。

剛士：あ、これですか。答えはBですよ。
(つよし)

張：もう答えがわかりましたか。すごいですね。
(ちょう)

剛士：実は、この講義は2回目です。去年も受けました。
(つよし)

李：どうして2回目ですか。
(い)

剛士：僕は勉強が好きですから。
(つよし)

128

PRACTICE ②

例を見て、言いましょう。
れい み い

例 グループ学習室／予約する／利用する
がくしゅうしつ よやく りよう

○ 話をする　　　　　　　○ 飲み物を飲む
　 はなし　　　　　　　　　 の もの の

× 食べ物を食べる　　　　× たばこ
　 た もの た

グループ学習室が初めての方へ
がくしゅうしつ はじ かた

予約してから、利用してください。
よやく りよう

グループ学習室では、話をしてもいい
がくしゅうしつ はなし

です。飲み物を飲んでもかまいません。
の もの の

でも、食べ物を食べてはいけません。
た もの た

たばこもだめです。

---

1 図書館／図書館カードを作る／利用する
　としょかん としょかん つく りよう

　○ 雑誌や新聞を読む
　　 ざっし しんぶん よ

　○ 資料をコピーする
　　 しりょう

　× 雑誌や新聞を図書館の外で読む
　　 ざっし しんぶん としょかん そと よ

　× 撮影
　　 さつえい

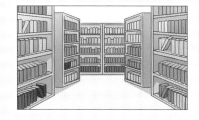

2 体育館／体育館の靴をはく／中に入る
　たいいくかん たいいくかん くつ なか はい

　○ バスケットボールをする

　○ バドミントンをする

　× 野球をする
　　 やきゅう

　× サッカー

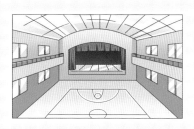

読解文

葵さん、張さん、李さんは、来週、大学に入って初めての試験を受けます。張さんはとても心配です。元気がありません。李さんも、毎日復習をしていますが、自信がありません。剛士さんも同じ講義を受けています。それで、4人はグループ学習室を予約して、一緒に勉強しました。グループ学習室では、話をしても飲み物を飲んでもいいです。でも、食べ物を食べてはいけません。

大学生はよく大学の図書館を利用します。図書館カードや学生証を出して、入ります。図書館で、読書や自習などをします。

大学生は期末に試験を受けます。合格の人は、単位をもらいます。不合格の人はもう一度その講義と試験を受けます。大学の試験は高校の試験と違います。知識も自分の考えもとても大事です。

Q1 大学の図書館にはどうやって入りますか。

Q2 図書館で何をしますか。

Q3 期末試験で不合格の人はどうしますか。

Q4 大学の試験では何が大事ですか。

1. 聴解 （ちょうかい）

表（ひょう）を見（み）てください。会話（かいわ）を聞（き）いて、（　　）の中（なか）から正（ただ）しい答（こた）えを選（えら）び
ましょう。＿＿＿＿には時間（じかん）を書（か）いてください。

学習室（がくしゅうしつ）	:6人（にん）まで。1部屋（ひとへや）に PC 1台（だい）。	☒	は、もうほかの人（ひと）が予約（よやく）しています。

6/5 （水） すい	1限（げん） 9:00 ～10:30	2限（げん） 10:40 ～12:10	昼休み（ひるやすみ） 12:10 ～13:20	3限（げん） 13:20 ～14:50	4限（げん） 15:00 ～16:30	5限（げん） 16:40 ～18:10
学習室1（がくしゅうしつ）		☒	☒	☒		☒
学習室2（がくしゅうしつ）	☒				☒	☒
学習室3（がくしゅうしつ）	☒			☒	☒	☒
学習室4（がくしゅうしつ）	☒	☒	☒	☒		

コンピューター室（しつ）	:30人（にん）まで。1テーブルに PC 6台（だい）×5テーブル。

予約（よやく）しなくてもいいですが、　☒　はコンピューターの授業（じゅぎょう）があります。

6/5 （水） すい	1限（げん） 9:00 ～10:30	2限（げん） 10:40 ～12:10	昼休み（ひるやすみ） 12:10 ～13:20	3限（げん） 13:20 ～14:50	4限（げん） 15:00 ～16:30	5限（げん） 16:40 ～18:10
	☒			☒		☒

- グループ発表（はっぴょう）は（ 月曜日（げつようび）　水曜日（すいようび）　金曜日（きんようび） ）です。
- （ リンさん　パクさん ）は、まだ発表（はっぴょう）の原稿（げんこう）を書（か）いていません。これから
  書（か）きます。
- 2人（ふたり）は（ 月曜日（げつようび）　水曜日（すいようび）　金曜日（きんようび） ）の＿＿＿時（じ）＿＿＿分（ふん）から＿＿＿時（じ）
  ＿＿＿分（ふん）まで、（ 学習室1（がくしゅうしつ）　学習室2（がくしゅうしつ）　学習室3（がくしゅうしつ）　学習室4（がくしゅうしつ）
  コンピューター室（しつ） ）で一緒（いっしょ）に資料（しりょう）を作（つく）ります。

2. ペアワーク 🔊

例のように会話しましょう。

> 例 A：教室で ［エアコンをつけます］➡［エアコンの温度を下げる］
>
> A：この教室は暑いですね。 エアコンをつけても いいですか。
>
> B：はい、どうぞ。
>
> A： エアコンの温度を下げても いいですか。
>
> B：あ、それはちょっと……。

① 新幹線で

［隣の席に座ります］➡［ここで電話をします］

A ：すみません。　　　　　　　　　　　　　　　いいですか。

B ：はい、どうぞ。

A ：　　　　　　　　　　　　　　　いいですか。

B ：あ、それはちょっと……。

② 友達と

［見ます］➡［運転します］

A ：新しい車ですね。　　　　　　　　　　　　いいですか。

B ：はい、どうぞ。

A ：　　　　　　　　　　　　　　　いいですか。

B ：あ、それはちょっと……。

③ 公園で

［触ります］➡［写真を撮ります］➡［写真を SNS に載せます］

A ：かわいい犬ですね。　　　　　　　　　　　いいですか。

B：はい、どうぞ。

A：＿＿＿＿＿＿＿＿＿＿＿＿＿＿＿＿＿　いいですか。

B：いいですよ。

A：＿＿＿＿＿＿＿＿＿＿＿＿＿＿＿　いいですか。

B：あ、それはちょっと……。

3. 書きましょう ✎
か

「〜に、…てはいけません」を使った文を考えましょう。
つか　　　　　ぶん　かんが

授業 中に
じゅぎょうちゅう

例 話をしてはいけません。
　 はなし
＿＿＿＿＿＿＿＿＿＿＿＿＿＿＿＿＿＿＿＿＿＿＿＿＿＿＿

運転中に
うんてんちゅう
＿＿＿＿＿＿＿＿＿＿＿＿＿＿＿＿＿＿＿＿＿＿＿＿＿＿＿
＿＿＿＿＿＿＿＿＿＿＿＿＿＿＿＿＿＿＿＿＿＿＿＿＿＿＿

食事中に
しょくじちゅう
＿＿＿＿＿＿＿＿＿＿＿＿＿＿＿＿＿＿＿＿＿＿＿＿＿＿＿
＿＿＿＿＿＿＿＿＿＿＿＿＿＿＿＿＿＿＿＿＿＿＿＿＿＿＿

夜遅い時間に
よるおそ　じかん
＿＿＿＿＿＿＿＿＿＿＿＿＿＿＿＿＿＿＿＿＿＿＿＿＿＿＿
＿＿＿＿＿＿＿＿＿＿＿＿＿＿＿＿＿＿＿＿＿＿＿＿＿＿＿

9

10

第　　課

合宿
がっしゅく

国際交流サークルのメンバーは
軽井沢に来ています。夏休みの合宿です。
昨日は発表や自分の国の文化紹介など、
勉強会をしました。今日はハイキングと
観光をします。

午前中に、みんなで有名な
「雲場池」に行きます。
「雲場池」は軽井沢で人気の
観光地です。
美しくて涼しいところです。
午後は美術館に行きます。

説明文

　国際交流サークルのメンバーは軽井沢に来ています。夏休みの合宿です。昨日は発表や自分の国の文化紹介など、勉強会をしました。今日はハイキングと観光をします。午前中に、みんなで有名な「雲場池」に行きます。「雲場池」は軽井沢で人気の観光地です。美しくて涼しいところです。午後は美術館に行きます。

Q1 国際交流サークルのメンバーは、今どこにいますか。

Q2 昨日は何をしましたか。

Q3 今日は何をしますか。

みなさん、
雲場池に着きました。

ここが雲場池ですか。
とても静かできれいですね。
朝からたくさん歩いて、
少し疲れました。

そうですね。でもみんなで
歩いて楽しかったですね。

私はハイキングが好きです。時々1人で
ハイキングに行くことがあります。

ここは軽井沢で
とても有名な観光地です。

広い池ですね。

夏は緑がきれいです。
秋は紅葉が美しいですよ。

そうですか。また秋に来たいです。
今日は雨が降らなくてよかったですね。

剛士さん、
走らないでください。
危ないですよ。

近くで写真を撮りたいです。

剛士さんは元気ですね。
剛士さんは昨日、寝ないで
僕たちと話していました。

はい、
僕も張さんも寝たかったですが…

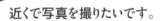

みなさん、ここが軽井沢美術館です。

今はフランス絵画の展覧会を
やっています。中に入りましょう。

お金を払わなくてもいいですか。

1階は無料です。
払わなくてもいいです。

2階は入場料が1,000円かかります。
チケットを買わなければなりません。

今から自由時間です。
5時までに美術館の入口に集まってください。
遅れないでくださいね。

はい。

張さん、写真を撮らないでください。
ここで写真を撮ってはいけません。

そうですか。
知らなかったです。

この絵はとても素敵ですから。

張さんもこの絵が好きですか。
私と一緒ですね。

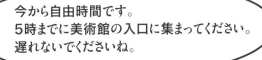

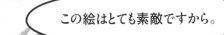
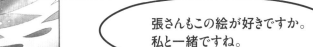

10

莉子：みなさん、雲場池に着きました。

李　：ここが雲場池ですか。とても静かできれいですね。朝からたくさん歩いて、少し疲れました。

葵　：そうですね。でもみんなで歩いて楽しかったですね。私はハイキングが好きです。時々1人でハイキングに行くことがあります。

莉子：ここは軽井沢でとても有名な観光地です。

張　：広い池ですね。

莉子：夏は緑がきれいです。秋は紅葉が美しいですよ。

陽奈：そうですか。また秋に来たいです。今日は雨が降らなくてよかったですね。

葵　：剛士さん、走らないでください。危ないですよ。

剛士：近くで写真を撮りたいです。

張　：剛士さんは元気ですね。剛士さんは昨日、寝ないで僕たちと話していました。

李　：はい。僕も張さんも寝たかったですが……。

＊　＊　＊

莉子：みなさん、ここが軽井沢美術館です。今はフランス絵画の展覧会をやっています。中に入りましょう。

張　：お金を払わなくてもいいですか。

莉子：1階は無料です。払わなくてもいいです。

　　　2階は入場料が1,000円かかります。

　　　チケットを買わなければなりません。

　　　今から自由時間です。5時までに美術館の入口に集まってください。

遅れないでくださいね。

全員：はい。
_{ぜんいん}

＊　＊　＊

葵　：張さん、写真を撮らないでください。ここで写真を撮ってはいけ
_{あおい}　　_{ちょう}　　　_{しゃしん}　_と　　　　　　　　　　　　　_{しゃしん}　_と

　　　ません。

張　：そうですか。知らなかったです。この絵はとても素敵ですから。
_{ちょう}　　　　　　　　　_し　　　　　　　　_え　　　　　　_{すてき}

葵　：張さんもこの絵が好きですか。私と一緒ですね。
_{あおい}　　_{ちょう}　　　　_え　_す　　　　　_{わたし}　_{いっしょ}

PRACTICE ①

例を見て、会話してみましょう。
_{れい}　_み　　_{かいわ}

例　美術館／×写真を撮る／△スマホをかばんに入れる
_{び じゅつかん}　　_{しゃしん}　_と　　　　　　　　　　_い

A：美術館で写真を撮ってはいけませんよ。
　　_{び じゅつかん}　_{しゃしん}　_と

B：すみません。スマホをかばんに入れなければなりませんか。
　　　　　　　　　　　　　　　　　　_い

A：いいえ、かばんに入れなくてもいいですが、写真を撮らないでください。
　　　　　　　　　　　_い　　　　　　　　　　　_{しゃしん}　_と

B：はい、わかりました。

1　電車の中／×電話をかける／△スマホを切る
　_{でんしゃ}　_{なか}　　_{でんわ}　　　　　　　　　_き
2　図書館／×大きな声で話す／△部屋を出る
　_{と しょかん}　　_{おお}　_{こえ}　_{はな}　　　_{へや}　_で

10

今夜は星がきれいですよ。みんなで見に行きませんか。

いいですね！

じゃ、みんなで見に行きましょう。

僕も行きます。待ってください！

剛士さん、また転ばないでくださいね。暗いですから。

わあ、きれいですね!!

本当にきれいですね。星空の下でギターを弾きたいです。

僕は将来、世界一のミュージシャンになります。

剛士さんの夢はミュージシャンですか。僕は国際ジャーナリストになりたいです。

毎日世界のニュースを見て勉強しています。英語ももっと勉強しなければいけません。

張さん、すごいですね。頑張ってください。

ありがとうございます。

葵さんはどんな夢がありますか。

私は海外で仕事がしたいです。ですから、卒業までに一度留学したいです。

そうですか。留学ですか……。

寂しいですね。ねえ、張さん。

え?ええと…寂しいですが、葵さんの夢を応援します。

あの、莉子さん、来年4年生になりますね。

はい、就職活動をしなければなりません。私は建築の仕事がしたいです。

みんなすごいですね。僕はまだ将来の夢がわからなくて、時々不安です。

李さんは好きなことがありますか。

はい、あります。旅行が好きです。

好きなことが夢になりますよ。急がないでゆっくり見つけましょう。

もっとたくさん話したいですね。

でも、明日は朝7時のバスに乗らなければいけません。帰りましょうか。

141

陽奈：今夜は星がきれいですよ。みんなで見に行きませんか。

葵　：いいですね！

莉子：じゃ、みんなで見に行きましょう。

剛士：僕も行きます。待ってください！

葵　：剛士さん、また転ばないでくださいね。暗いですから。

＊　＊　＊

張　：わあ、きれいですね！！

剛士：本当にきれいですね。星空の下でギターを弾きたいです。僕は将来、世界一のミュージシャンになります。

張　：剛士さんの夢はミュージシャンですか。僕は国際ジャーナリストになりたいです。毎日世界のニュースを見て勉強しています。英語ももっと勉強しなければいけません。

陽奈：張さん、すごいですね。頑張ってください。

張　：ありがとうございます。葵さんはどんな夢がありますか。

葵　：私は海外で仕事がしたいです。ですから、卒業までに一度留学したいです。

張　：そうですか。留学ですか……。

剛士：寂しいですね。ねえ、張さん。

張　：え？　ええと……寂しいですが、葵さんの夢を応援します。あの、莉子さん、来年4年生になりますね。

莉子：はい、就職活動をしなければなりません。私は建築の仕事がしたいです。

李　：みんなすごいですね。僕はまだ将来の夢がわからなくて、時々不安です。

莉子：李さんは好きなことがありますか。

李　：はい、あります。旅行が好きです。

莉子：好きなことが夢になりますよ。急がないでゆっくり見つけましょう。もっとたくさん話したいですね。でも、明日は朝7時のバスに乗らなければいけません。帰りましょうか。

PRACTICE ②

例を見て、ミニスピーチしてみましょう。

> 例　国際ジャーナリスト／新しいニュースを世界の人に伝える
>
> 世界のニュースを見て勉強する／英語を勉強する
>
> ### 私の夢
>
> 私は将来、国際ジャーナリストになりたいです。新しいニュースを世界の人に伝えたいです。
>
> ですから、毎日世界のニュースを見て勉強しています。そして、英語を勉強しています。
>
> これからも頑張ります。みなさん、どうぞ私の夢を応援してください。

1　日本語の先生／たくさんの人に日本語を教える

　　日本語の番組を見る／漢字を練習する

2　作家／おもしろい小説をたくさん書く

　　いろいろな本を読む／小説を書く

3　画家／美しい景色の絵をかく／絵の練習をする

　　美術館で絵を見る

読解文

李さんの日記

　夏休みに軽井沢でサークルの合宿をしました。軽井沢は高原で、涼しいところです。自然が美しくて、美術館もたくさんあります。１日目はサークル活動をしました。２日目は、観光をして、夜、みんなで星を見ました。雲がなくて、きれいな星空でした。そして、みんなで将来の話をしました。みんな将来の夢があります。僕はまだ将来の夢がわからなくて不安です。これから将来のことをよく考えなければいけません。

　日本の大学のサークルは、夏休みや春休みに合宿をすることがあります。みんなで泊まってサークル活動をします。運動のサークルは、朝から晩まで厳しい練習をすることもあります。昼間は活動しますが、自由時間や夜にゲームやおしゃべりなどをして、楽しい時間を過ごします。

Q1　軽井沢はどんなところですか。

Q2　合宿の１日目と２日目に何をしましたか。

Q3　みんなで何の話をしましたか。

Q4　日本の大学のサークルはいつ合宿をすることが ありますか。

1. ペアワーク ⟨💬⟩

日本語学校で卒業生が卒業パーティーをします。案内を見て、例のように □ の中の言葉を使って話しましょう。

パーティー

- 日時　　：8月7日(土) 12:00〜15:00
- 場所　　：学校
- 参加費　：無料
- 予約　　：要りません
- 料理　　：先生が作ります
- お菓子　：たくさんあります
- 飲み物　：持ってきてください

いろいろなゲームをします

予約する
学校に行く
昼ご飯を食べて行く
9時に行く
お金を払う
お菓子を買って行く
飲み物を持って行く
料理を作る

例 1　A：予約しなければいけませんか。

　　　B：いいえ、予約しなくてもいいですよ。

　　　A：そうですか。よかったです。

例 2　A：学校に行かなければいけませんか。

　　　B：はい、行かなければいけません。

　　　A：そうですか。わかりました。

2. 聴解 🎧
ちょうかい

南先生が日本語学校の学生たちに将来の夢を聞いています。会話を
みなみせんせい にほんごがっこう がくせい しょうらい ゆめ き かいわ
聞いて、下の表に記号を書きましょう。
き した ひょう きごう か

名前 なまえ	夢 ゆめ
サラ	例 A
グエン	
ワン	
カリナ	
キム	

A．医者
  いしゃ
B．漫画家
  まんがか
C．会社を作る
  かいしゃ つく
D．大学の先生
  だいがく せんせい
E．サッカー選手
  せんしゅ

MEMO ···

3. 書きましょう か

あなたの故郷／今住んでいるところ／旅行で行ったところを紹介して
ください。

例 私の故郷は石川県の金沢です。金沢は、有名な観光地で、東京から

新幹線で2時間半ぐらいです。金沢は、美術館や美しい庭が有名で

す。それから、金沢は、食べ物がとてもおいしいです。たくさんの

人が、市場に魚や果物を買いに行きます。金沢駅は、形がおもしろ

くて、美しい駅です。みなさん、金沢へ遊びに来てください。

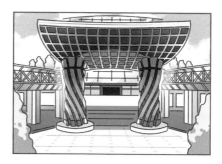

第11課

趣味
しゅみ

張さんは今日もコンビニのアルバイトです。
アルバイトが終わってから、
大学の図書館へ行きます。
図書館で本を借りて勉強します。

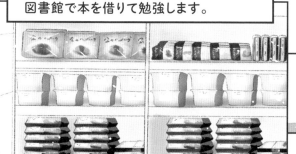

張さんは、仕事が終わって、
今、従業員室で少し休んでいます。
ムハンマドさんはこれから仕事です。

ガチャッ

オハヨー
ゴザイマス.

説明文

　張さんは今日もコンビニのアルバイトです。アルバイトが終わってから、大学の図書館へ行きます。図書館で本を借りて勉強します。

　張さんは、仕事が終わって、今、従業員室で少し休んでいます。ムハンマドさんはこれから仕事です。

Q1　張さんはアルバイトの後、何をしますか。

Q2　張さんは今、何をしていますか。

Q3　ムハンマドさんはこれから何をしますか。

おはようございます。
ムハンマドさん、
これから仕事ですか。

はい、そうです。
でも、ちょっと眠いです。

どうしてですか。

夜中までサッカーの
試合を見ましたから。

サッカーが好きですか。

はい、私の趣味はサッカー
を見ることです。

そうですか。バングラデシュの人
はみんなサッカーが好きですか。

はい、とても人気があります。
でも、クリケットのほうが
もっと人気がありますよ。

クリケット?
私はクリケットの試合を
一度も見たことがありません。

そうですか。クリケットはおもしろいですよ。
バングラデシュでは、ほとんどみんなクリケット
ができます。

ムハンマドさんも
クリケットができますか。

もちろん、できます。
張さんの趣味は何ですか。

私の趣味は本を読んだり、
旅行をしたりすることです。

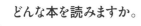
どんな本を読みますか。

小説や専門書など、いろいろ読みます。

それから旅行する前に、
その国や地域の歴史の本を読みます。

そうですか。
張さんはバングラデシュに
行ったことがありますか。

いいえ、一度もありません。
行きたいです。

一緒に行きませんか。
私は夏休みの終わりに
バングラデシュに帰ります。

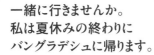

え、本当ですか。
行きたいですね。
でも、勉強がありますから。

ムハンマドさんは、
家族に会いに行きますか。

ええ。妹の結婚式があります。
2週間ぐらい国へ帰ります。

ああ、そうですか。
妹さんのご結婚、
おめでとうございます。

ありがとうございます。

張 ：おはようございます。ムハンマドさん、これから仕事です
　　　　か。

ムハンマド：はい、そうです。でも、ちょっと眠いです。

張 ：どうしてですか。

ムハンマド：夜中までサッカーの試合を見ましたから。

張 ：サッカーが好きですか。

ムハンマド：はい、私の趣味はサッカーを見ることです。

張 ：そうですか。バングラデシュの人はみんなサッカーが好き
　　　　ですか。

ムハンマド：はい、とても人気があります。

　　　　でも、クリケットのほうがもっと人気がありますよ。

張 ：クリケット？　私はクリケットの試合を一度も見たことが
　　　　ありません。

ムハンマド：そうですか。クリケットはおもしろいですよ。

　　　　バングラデシュでは、ほとんどみんなクリケットができま
　　　　す。

張 ：ムハンマドさんもクリケットができますか。

ムハンマド：もちろん、できます。張さんの趣味は何ですか。

張 ：私の趣味は本を読んだり、旅行をしたりすることです。

ムハンマド：どんな本を読みますか。

張 ：小説や専門書など、いろいろ読みます。それから旅行する
　　　　前に、その国や地域の歴史の本を読みます。

ムハンマド：そうですか。張さんはバングラデシュに行ったことがあり
　　　　ますか。

張　　　　　：いいえ、一度もありません。行きたいです。
　ちょう　　　　　　　　　　　　　　　いちど　　　　　　　　　　　　　い

ムハンマド：一緒に行きませんか。私は夏休みの終わりにバングラデシ
　　　　　　　いっしょ　い　　　　　　　わたし　なつやす　　お

　　　　　　ュに帰ります。
　　　　　　　　かえ

張　　　　　：え、本当ですか。行きたいですね。でも、勉強があります
　ちょう　　　　　　ほんとう　　　　　い　　　　　　　　　　　　べんきょう

　　　　　　から。ムハンマドさんは、家族に会いに行きますか。
　　　　　　　　　　　　　　　　　　　　かぞく　あ　い

ムハンマド：ええ。妹の結婚式があります。
　　　　　　　　いもうと　けっこんしき

　　　　　　２週間ぐらい国へ帰ります。
　　　　　　　しゅうかん　　くに　かえ

張　　　　　：ああ、そうですか。妹さんのご結婚、おめでとうございま
　ちょう　　　　　　　　　　　　　　いもうと　　　　けっこん

　　　　　　す。

ムハンマド：ありがとうございます。

PRACTICE ①

例を見て、話してみましょう。
　れい　み　　　はな

┌───┐
　例　本を読む／小説や専門書／旅行／たくさんの国へ行く
　れい　ほん　よ　　しょうせつ　せんもんしょ　りょこう　　　　　　くに　い

　　　　　　　　　　　私の趣味
　　　　　　　　　　　わたし　しゅみ

私の趣味は本を読むことです。
わたし　しゅみ　ほん　よ

小説や専門書など、いろいろ読みます。
しょうせつ　せんもんしょ　　　　　　　　よ

旅行も好きです。たくさんの国へ行ったことがあ
りょこう　す　　　　　　　　　　　くに　い

ります。

休日は、本を読んだり、旅行をしたりします。
きゅうじつ　ほん　よ　　　　りょこう

みなさんの趣味は何ですか。
　　　　しゅみ　なん

└───┘

1 写真を撮る／美しい風景やかわいい動物／料理／日本料理を作る
　しゃしん　と　　うつく　ふうけい　　　　　　どうぶつ　りょうり　にほんりょうり　つく

2 音楽を聞く／日本の音楽や外国の音楽／スポーツ／スポーツ大会に参加する
　おんがく　き　にほん　おんがく　がいこく　おんがく　　　　　　　　　　たいかい　さんか

3 歌を歌う／中国の歌や日本の歌／ダンス／韓国のダンスを習う
　うた　うた　ちゅうごく　うた　にほん　うた　　　　　　　かんこく　　　　なら

張さん、こんにちは。
何の本を探していますか。

あ、莉子さん。こんにちは。

統計学の授業が難しくて……。

統計ですか。数学ですね。
文系も最近、
数学が重要になりましたね。

そうですね。
特に微分積分が難しいです。

張さんは高校時代に、
微積分を習いましたか。

いいえ、習ったことがありません。

そうですか。
では微積分の参考書が
必要ですね。

難しい問題は教えますよ。
どんどん聞いてください。

統計は理系の知識も文系の
知識も必要です。頑張って
くださいね。

そうですか。わかりました。
アドバイスありがとうございます。

莉子さんも本を探していますか。

はい、私は就職活動の本を探しています。
夏休みは遊ばないで、就活の準備をします。

どんな準備ですか。

履歴書を書いたり、
面接の準備をしたりします。
これからだんだん忙しくなります。

莉子さんも頑張ってくださいね。

ありがとう。

ところで、先週、
駅で剛士くんに会いました。
剛士くんは今、海の家で
アルバイトをしていますよ。

海の家?

はい。海の家はお店で、
海水浴場にあります。

お客さんは海の家で食事をしたり、
休んだりすることができます。
剛士くんは鎌倉の店で働いています。

11

莉子：張さん、こんにちは。何の本を探していますか。

張　：あ、莉子さん。こんにちは。統計学の授業が難しくて……。

莉子：統計ですか。数学ですね。文系も最近、数学が重要になりましたね。

張　：そうですね。特に微分積分が難しいです。

莉子：張さんは高校時代に、微積分を習いましたか。

張　：いいえ、習ったことがありません。

莉子：そうですか。では微積分の参考書が必要ですね。難しい問題は教えますよ。どんどん聞いてください。統計は理系の知識も文系の知識も必要です。頑張ってくださいね。

張　：そうですか。わかりました。アドバイスありがとうございます。莉子さんも本を探していますか。

莉子：はい、私は就職活動の本を探しています。夏休みは遊ばないで、就活の準備をします。

張　：どんな準備ですか。

莉子：履歴書を書いたり、面接の準備をしたりします。これからだんだん忙しくなります。

張　：莉子さんも頑張ってくださいね。

莉子：ありがとう。ところで、先週、駅で剛士くんに会いました。剛士くんは今、海の家でアルバイトをしていますよ。

張　：海の家？

莉子：はい。海の家はお店で、海水浴場にあります。お客さんは海の家で食事をしたり、休んだりすることができます。剛士くんは鎌倉の店で働いています。

PRACTICE ②

例を見て、会話してみましょう。
れい　み　　かいわ

例　ピアノを習う／いろいろな曲を弾く
　　　　　　　なら　　　　　　　　きょく　ひ

A：Bさんはピアノを習ったことがありますか。
　　　　　　　　　　　なら

B：はい、習ったことがあります。
　　　　なら

　　いろいろな曲を弾くことができますよ。
　　　　　　　きょく　ひ

　　Aさんは？

A：私は一度も習ったことがありません。
　　わたし　いちど　なら

1　韓国語を勉強する／韓国語の歌を歌う
　　かんこくご　べんきょう　　かんこくご　うた　うた

2　京都へ行く／町を案内する
　　きょうと　い　　まち　あんない

3　日本料理を作る／
　　に ほんりょうり　つく

　　天ぷらやすき焼きを作る
　　てん　　　や　　　つく

読解文

張さんの日記

今日、コンビニのアルバイトが終わって、従業員室でムハンマドさんと話をしました。ムハンマドさんの趣味はサッカーを見ることです。バングラデシュの人はサッカーも好きですが、多くの人はサッカーよりクリケットのほうが好きです。バングラデシュは、南アジアの国で、自然が豊かです。国の真ん中に大きな川が流れています。首都はダッカです。夏休みの終わりにムハンマドさんは国へ帰ります。妹さんの結婚式に出席します。僕はバングラデシュに行ったことがありません。一度行きたいです。

アルバイトが終わってから、大学の図書館に行きました。そこで莉子さんに会いました。僕は数学の本を探していました。莉子さんは就活の本を探していました。日本の就職活動はだいたい3年生から始まります。資格を取ったり、英語の勉強をしたり、いろいろな準備があります。成績はもちろん大事です。サークル活動やボランティアなどの経験、そしてコミュニケーション能力も重要です。

Q1　ムハンマドさんの趣味は何ですか。

Q2　バングラデシュではどんなスポーツが人気がありますか。

Q3　バングラデシュはどんな国ですか。

Q4　ムハンマドさんは夏休みに何をしに国へ帰りますか。

158

1. 聴解
ちょうかい

会話を聞いて、例のように表に〇か×を書いてください。
かいわ　　きき　　　　　れい　　　　　　　　　ひょう　　　　　　　か

	冬休みに ふゆやす 長野に ながの 行きます い	長野に ながの 行ったことが い あります	スキーを したことが あります	例 おやきを 食べたことが た あります
タンさん				×
リンさん				〇
パクさん				×

おやき

MEMO ···

2. 話しましょう ✏️ 💬
はな

① 写真を見て、観光地を案内しましょう。ヒントの表現を使いましょう。
しゃしん み かんこうち あんない ひょうげん つか

ヒント

〜たり〜たりします／〜(こと)ができます／

〜たことがあります／〜前に
まえ

三 社 祭
さんじゃまつり

- どこ：浅草　・いつ：５月
  あさくさ　　　がつ
- 何をしますか　　：屋台の食べ物を食べます。
  なに　　　　　やたい た もの た

  　　　　　　　　　写真を撮ります。
  　　　　　　　　　しゃしん と
- 何ができますか　：お神輿を見ます。
  なに　　　　　みこし み

> 例　三社祭は浅草のお祭りです。
> さんじゃまつり あさくさ まつ
>
> お祭りは５月です。
> まつ がつ
>
> お祭りでは、屋台の食べ物を食べたり、写真を撮ったりします。
> まつ やたい た もの た しゃしん と
>
> お神輿を見ることができます。楽しいですよ。
> みこし み たの

仙台七夕祭り
せんだいたなばたまつ

- どこ：仙台　・いつ：８月
  せんだい　　がつ
- 何をしますか　　：飾りに願いを書きます。
  なに　　　　　かざ ねが か

  　　　　　　　　　七夕の話を聞きます。
  　　　　　　　　　たなばた はなし き
- 何ができますか　：大きな七夕飾りを見ます。
  なに　　　　　おお たなばたかざ み

② あなたの国や出身地を紹介しましょう。ヒントの表現を使いましょう。
　　　　（くに　しゅっしんち　しょうかい）　　　　　　（ひょうげん　つか）

写真提供：渡部晋也

例　　私は東京の浅草の出身です。
　　　（わたし　とうきょう　あさくさ　しゅっしん）

　　浅草には有名なお寺があります。毎年、春
　（あさくさ　ゆうめい　てら　まいとし　はる）
に大きなお祭りがあります。お祭りでは、お
　　（おお　まつ　まつ）
神輿を見たり、屋台の食べ物を食べたりしま
（みこし　み　やたい　た　もの　た）
す。

　　私は一度お神輿を担いだことがあります。
　（わたし　いちど　みこし　かつ）
とても重かったです。
　　（おも）

　　それから、8月の第4週の土曜日と日曜日
　　　　　　（がつ　だい　しゅう　どようび　にちようび）
に、サンバカーニバルがあります。夏が終わ
　　　　　　　　　　　　　　　（なつ　お）
る前に、みんなでサンバを楽しみます。
（まえ）　　　　　　　　　（たの）

　　サンバカーニバルはブラジルのお祭りです
　　　　　　　　　　　　　　　　（まつ）
が、日本人にもとても人気があります。
　（にほんじん　にんき）

　　毎年、たくさんの人が浅草に見に来ます。
　（まいとし　ひと　あさくさ　み　き）

私は
（わたし）

11

第 **12** 課

花火大会
は　な　び　た　い　か　い

8月になりました。
国際交流サークルのメンバーは、
とても仲良くなりました。

先日、
葵さんは張さんに丁寧語で
話さなくてもいいと言いました。
みんなはもっと親しくなりました。

今夜は鎌倉で花火大会があります。
張さん、李さんと葵さんは鎌倉へ遊びに行きます。
今、剛士さんは鎌倉の海の家でアルバイトをしています。
張さんたちは、花火大会へ行く前に、
剛士さんがアルバイトをしている海の家へ行きます。

説明文

　8月になりました。国際交流サークルのメンバーは、とても仲良くなりました。先日、葵さんは張さんに丁寧語で話さなくてもいいと言いました。みんなはもっと親しくなりました。

　今夜は鎌倉で花火大会があります。張さん、李さんと葵さんは鎌倉へ遊びに行きます。今、剛士さんは鎌倉の海の家でアルバイトをしています。張さんたちは、花火大会へ行く前に、剛士さんがアルバイトをしている海の家へ行きます。

Q1 張さんは葵さんに丁寧語で話さなければなりませんか。

Q2 張さんたちは花火大会に行く前に何をしますか。

Q3 剛士さんは鎌倉で何をしていますか。

張　：うわあ、人がたくさんいる！

葵　：鎌倉の海水浴場は人気があるからね。

李　：あれが海の家？

葵　：そう。みんな、そこで食事したり荷物を預けたりするよ。休んだり、シャワーを浴びて着替えたりすることもできるから、便利だよ。

李　：でも、冬は寒いからお客さんが少ないでしょう？

葵　：うん。だから、海の家は夏限定の店が多いよ。

張　：なるほど。ところで、剛士さんがアルバイトをしている海の家はどこ？

葵　：この近くだと思う。

李　：あ、あそこに剛士さんがいる！

＊　＊　＊

葵　：剛士さん、遊びに来ました。

剛士：来たね。お、みんな浴衣だ！

張　：花火大会だから、やっぱり浴衣が一番いいと思います。浴衣は日本の文化の一つですから。

李　：僕と張さんは初めて浴衣を着ました。
　　　ちょっと恥ずかしいです。

葵　：とても似合ってますよ。ね、剛士さん。

剛士：うん、似合ってる。夕方にアルバイトが終わるから、僕も一緒に花火大会に行くよ。

張　：いいですね。一緒に見ましょう。

剛士：みんな、何を飲む？　僕がおごるよ。

葵　：うわあ、ありがとうございます！
あおい

PRACTICE ①

例を見て、紹介してみましょう。
れい　み　　しょうかい

例 海の家／剛士さんがアルバイトをしています
　　うみ　いえ　つよし

冬は寒いです ➡ 夏限定の店です
ふゆ　さむ　　　　なつげんてい　みせ

ここが剛士さんがアルバイトをしている海の家
　　　　つよし　　　　　　　　　　　　　　うみ　いえ
です。

冬は寒いですから、夏限定の店です。
ふゆ　さむ　　　　　　なつげんてい　みせ

1 お寺／大きな大仏があります
　てら　おお　　　だいぶつ

　この大仏は珍しいです
　　だいぶつ　めずら

　➡ 外国人に人気があります
　　がいこくじん　にんき

2 花火大会の会場／東京で一番人気があ
　はなびたいかい　かいじょう　とうきょう　いちばんにんき
　ります

　花火大会は伝統的な行事です
　はなびたいかい　でんとうてき　ぎょうじ

　➡ 浴衣がいいです
　　ゆかた

12

3 公園／今日、お花見をします
　こうえん　きょう　　はなみ

　桜はすぐに散ります
　さくら　　　　　　ち

　➡ お花見の時期は短いです
　　はなみ　じき　みじか

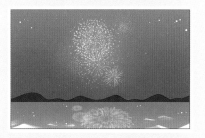

うん。いろいろな屋台があるね。
たこ焼き、焼きそば、かき氷・・・。

初めて日本の
花火大会に来た。
とてもにぎやかだね。

あれっ? あれは何?

あれはチョコバナナ。
食べたことない?

ない。

チョコレートで作ったバナナ?

違うよ。外側は
チョコレートで、
中身はバナナ
でしょう?

ねえ 葵さん。

そう。おいしいよ。
食べる?

うん。食べたい。

花火が始まる時間だね。
どこで見る?

あそこに座るところがあるよ。
ところで、剛士さん遅いね。

そうだね。
ちょっと電話するね。

剛士さん、何て言ってた?

「仕事が忙しくなったから、
花火の時間に間に合わない。
ごめん」って言ってた。

そうか。残念だね。

今日は楽しかったね。

本当にきれいだった。

うん。近くで花火を見ることができてよかった。きれいだったね。

李さん、私と張さんはここで乗り換えだから、降りるね。

うん。またね。

じゃあね。

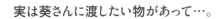

実は葵さんに渡したい物があって…。

ガタンッ

はい、これ。

ゴトンッ

え、扇子？

そう。さっき鎌倉で買いました。葵さんの今日の浴衣に似合うと思って…。

ありがとう。かわいい！

来年も一緒に花火を見に行きたいね。

12

そうだね。来年も行きたいね。

李：初めて日本の花火大会に来た。
とてもにぎやかだね。

張：うん。いろいろな屋台があるね。
たこ焼き、焼きそば、かき氷……。
あれっ？　あれは何？

葵：あれはチョコバナナ。食べたことない？

張：ない。チョコレートで作ったバナナ？

李：違うよ。外側はチョコレートで、中身はバナナでしょう？　ねえ、葵
さん。

葵：そう。おいしいよ。食べる？

張：うん。食べたい。

* 　* 　*

李：花火が始まる時間だね。どこで見る？

葵：あそこに座るところがあるよ。
ところで、剛士さん遅いね。

張：そうだね。ちょっと電話するね。

葵：剛士さん、何て言ってた？

張：「仕事が忙しくなったから、花火の時間に間に合わない。ごめん」っ
て言ってた。

李：そうか。残念だね。

* 　* 　*

張：今日は楽しかったね。

李：うん。近くで花火を見ることができてよかった。きれいだったね。

葵：本当にきれいだった。李さん、私と張さんはここで乗り換えだから、
降りるね。

李　　：うん。またね。
（い）

葵・張：じゃあね。
（あおい）（ちょう）

＊　＊　＊

張　　：実は葵さんに渡したい物があって……。はい、これ。
（ちょう）　　（じつ）　（あおい）　（わた）　　　（もの）

葵　　：え、扇子？
（あおい）　　　（せんす）

張　　：そう。さっき鎌倉で買いました。葵さんの今日の浴衣に似合う
（ちょう）　　　　　　（かまくら）（か）　　　　　（あおい）　　（きょう）（ゆかた）（にあ）

　　　　と思って……。
　　　　（おも）

葵　　：ありがとう。かわいい！
（あおい）

張　　：来年も一緒に花火を見に行きたいね。
（ちょう）　（らいねん）（いっしょ）（はなび）（み）（い）

葵　　：そうだね。来年も行きたいね。
（あおい）　　　　（らいねん）（い）

PRACTICE ②

3人でグループを作って、例を見て、伝言してみましょう。
（にん）　　　　　　（つく）　　（れい）（み）　　　（でんごん）
BとCは本を見ないで、Aの話を聞いて伝えましょう。
　　　（ほん）（み）　　　　　（はなし）（き）（つた）

例 仕事が忙しくなりました ➡ 花火の時間に間に合いません
（しごと）（いそが）　　　　　　　（はなび）（じかん）（ま）（あ）

A：仕事が忙しくなりましたから、花火の時間に間に合いません。
　（しごと）（いそが）　　　　　　　　　　（はなび）（じかん）（ま）（あ）

➡B：Aさんは「仕事が忙しくなりましたから、花火の時間に間に合いません」と
　　　　　　（しごと）（いそが）　　　　　　　　　（はなび）（じかん）（ま）（あ）

　　言いました。
　（い）

➡C：Aさんは仕事が忙しくなったから、花火の時間に間に合わないって言った。
　　　　　（しごと）（いそが）　　　　　（はなび）（じかん）（ま）（あ）　　　（い）

12

1 海の家でアルバイトをしています
　（うみ）（いえ）

　　➡ 時間がありません
　　　（じかん）

2 鎌倉は有名な観光地です
　（かまくら）（ゆうめい）（かんこうち）

　　➡ 観光客がとても多いです
　　　（かんこうきゃく）　　（おお）

3 江ノ電は海の近くを走っています
　（えのでん）（うみ）（ちか）（はし）

　　➡ とても人気があります
　　　　　　（にんき）

　鎌倉は、東京の南の神奈川県にある有名な観光地です。毎年、約2,000万人の観光客が世界中から来ます。古い町で、神社やお寺がたくさんあります。特に、「鎌倉の大仏」が有名です。自然が多くて、山も海もあります。鎌倉駅から江ノ電（江ノ島電鉄）が走っています。電車は家のすぐ近くや海の近くを走っていて、とても人気があります。

　鎌倉は海水浴場が多いですから、夏にたくさんの人が来ます。海水浴場には海の家があります。海に遊びに来た人たちが、そこで休んだりシャワーを浴びたりします。食べ物や飲み物も売っています。

　花火大会は日本の夏の伝統的な行事です。浴衣を着て花火を見に行く人も、たくさんいます。浴衣は着物の一種で、特に若者に人気があります。花火大会の日、会場にはいろいろな屋台が並びます。人々は、屋台で食べ物や飲み物を買ったり、遊んだりします。

Q1　鎌倉はどこにありますか。

Q2　鎌倉に何がありますか。

Q3　海に遊びに来た人たちは、海の家で何をしますか。

Q4　花火大会には、何を着て行く若い人が多いですか。

タスク＆アクティビティー

1. 聴解 🎧
ちょうかい

会話と説明を聞いて、問題に答えましょう。
かいわ　せつめい　き　　もんだい　こた

女子留学生は店でいくら払いましたか。女子留学生の友達は、店でいくら
じょ し りゅうがくせい みせ　　はら　　　　じょ し りゅうがくせい　ともだち　みせ

払いましたか。①～③の中から選んでください。
はら　　　　　　　　なか　えら

① 3,300円　　② 4,300円　　③ 5,300円
　　　　えん　　　　　　えん　　　　　　えん

女子留学生 _____　友達 _____
じょ し りゅうがくせい　　　　　　　　ともだち

2. ペアワーク 🗨️✏️

① 例のように会話をして、相手の答えを下の表に書きましょう。

例 A：Bさん、好きな食べ物は何ですか。

B：チョコバナナです。

A：どんな食べ物ですか。どんな味ですか。

B：バナナの外側にチョコレートが付いている食べ物です。甘くておいしいです。

質問	Bさんの答え
好きな食べ物は何？	チョコバナナ
どんな食べ物？	バナナの外側にチョコレートが付いている食べ物
どんな味？	甘くておいしい

質問	_____さんの答え
1. 一番好きな映画は何？	
いつ見た映画？	
どんな映画？	
2. 日本で行きたい場所はどこ？	
何ができる場所？	
何が有名な場所？	
3. 尊敬する人は誰？	
何をした人？	
どんな人？	

② 相手に聞いた質問の中から1つを選んで、例のように書きましょう。
そして、クラスで発表しましょう。

> 例 私は、Bさんに「一番好きな食べ物は何ですか」と聞きました。
>
> Bさんは「チョコバナナです」と答えました。
>
> バナナの外側にチョコレートが付いていて甘くておいしいと
>
> 言いました。

私は、　　　　　　　さんに「　　　　　　　　　　　　」と聞きました。
　　　　　　　さんは「　　　　　　　　　　　　」と答えました。
　　　　　　　　　　　　　　　　　　　　　　　と言いました。

第 1 課

例1：東京は午前9時40分です。

例2：ロンドンは午後9時25分です。

（1）上海は午前10時15分です。

（2）ソウルは午前8時33分です。

（3）パリは午後4時50分です。

（4）シドニーは午後11時44分です。

（5）ニューヨークは午後7時です。

第 2 課

女子学生：すみません。コンピューター室はどこですか。

男子学生：コンピューター室は南門の近くです。南門の近くに留学生センターがあります。留学生センターの隣に食堂があります。食堂の後ろに図書館があります。コンピューター室は図書館の5階にありますよ。

女子学生：ありがとうございました。

第 3 課

（ナレーション：リンさんとパクさんは留学生です。）

リン：パクさん、今の部屋はどうですか。

パク：古いですが、家賃は安いです。5万円です。リンさんの部屋はどうですか。

リン：新しいですが、家賃は高いです。10万円です。

パク：10万円？　高いですね。

リン：近くに大きい公園があります。あまり便利ではありませんが、静かですよ。

パク：私の部屋の近くにスーパーがあります。駅もあります。静かではありませんが、便利です。

リン：いいですね。

第 4 課

葵　：バーベキューは楽しかったですね。

張　：本当に楽しかったですね。それにおいしかったです。剛士さん、何がおいしかったですか。

剛士：牛肉が一番おいしかったです。僕は野菜より肉が好きです。

葵　：そうですか。張さんは、肉と野菜とどちらが好きですか。

張　：僕も野菜より肉のほうが好きです。肉の中で鶏肉が一番おいしかったです。葵さんは？

葵　：私は肉より野菜のほうが好きです。

張　：野菜もありましたね。なす、ピーマン、とうもろこし。葵さんは、何が一番おいしかったですか。

葵　：とうもろこしが一番おいしかったです。

張　：そうですね。とうもろこしもおいしかったですね。でも、鶏肉ほどおいしくなかったです。

葵　：そうですか。李さんは？

李　：僕は肉も野菜も好きです。僕は牛肉が一番おいしかったです。バーベキューが大好きです。

張　：僕もです！

第 5 課

（トントントン）

リン　　　：山田先生、文学部３年のリンです。

山田先生：はい。どうぞ。

リン　　　：すみません。質問があります。今、いいですか。

山田先生：今日は忙しいです。明日、１時から３時まで研究室にいます。２時間ぐらい時間があります。

リン　　　：先生、すみません。明日の午後は英語の授業があります。

山田先生：そうですか。金曜日は朝９時３０分から１１時３０分まで授業があります。午後は忙しくありません。研究室にいます。金曜日、午後３時から５時まではどうですか。

リン　　　：はい。大丈夫です。よろしくお願いします。

第 6 課

（ナレーション：男子学生と女子学生が話しています。）

男子学生：夏休みに、ワンさん、サラさんとコンサートへ行きます。一緒に行きませんか。

女子学生：いつですか。

男子学生：８月２５日です。

女子学生：えーと、８月２５日。大丈夫です。行きます。もうチケットを買いましたか。

男子学生：いいえ、まだです。コンビニで買います。

女子学生：え？　コンビニですか？

男子学生：はい、駅の近くのコンビニです。明日一緒に行きませんか。

女子学生：はい、行きます。

（ナレーション：次の日、２人は駅の近くのコンビニへ行きました。）

男子学生：この機械ですよ。「スタート」を押します。

女子学生：はい。

男子学生：「チケット」を選びます。

女子学生：はい、選びました。

男子学生：「イベント」を選びます。コンサート、映画、美術館がありますね。コンサート、8月25日。OKです。

女子学生：もう終わりましたか。

男子学生：はい、終わりました。では、レジへ行きましょう。レジでチケットのお金を払います。

女子学生：コンビニは便利ですね。

第 7 課

李　：旅館がたくさんありますね。どこがいいですか。

陽奈：そうですね。あっ、卓球やカラオケがあります。温泉もいいですね。

李　：あのう、BBQって何ですか。

陽奈：バーベキューですよ。

李　：あっ、そうですか。なるほど。僕はやっぱりバーベキュー、こことここですね。あー、でも、ここが一番安い。コンビニも近いですよ。僕はここかな。

陽奈：うーん、ここは駅から遠いですよ。私はバーベキューより温泉のほうが好きです。それに、ここは近くに駅があります。私はここのほうがいいです。

李　：そうですね。でも、僕はやっぱり温泉よりバーベキューのほうがいいです。安いほうがいいです。

第 8 課

夏休みの予定

南先生：夏休みにどこに行きたいですか。キムさんはどうですか。

キム　：私は沖縄に行きたいです。沖縄にきれいな海があります。海で泳ぎたいです。

南先生：サラさんはどうですか。

サラ　：私は北海道に行きたいです。北海道には牧場がたくさんあります。私は牧場

でアルバイトがしたいです。動物が大好きですから。

南先生：そうですか。カリナさんは？

カリナ：私は京都に行きたいです。8月に京都で有名な祭りがあります。私は祭りを見たいです。

南先生：では、ワンさんはどこに行きたいですか。

ワン　：私は韓国に行きたいです。韓国には辛い料理がたくさんあります。私は辛い料理が好きです。韓国に料理を食べに行きたいです。

第 9 課

(ナレーション：金曜日にグループ発表があります。月曜日の朝、リンさんとパクさんは、発表の話をしています。)

リン：パクさん、発表の原稿を書きましたか。

パク：僕はまだです。アルバイトが忙しかったです。

リン：そうですか。私はもう書きました。パクさんの原稿が終わってから、一緒に資料を作りましょう。パクさん、忙しくても頑張ってください。

パク：はい、今日の夜書きます。いつ資料を作りますか。

リン：水曜日はどうですか。4限の授業が終わってから作りませんか。

パク：すみません。僕は5時からアルバイトがあります。

リン：では、水曜日の2限はどうですか。

パク：はい、大丈夫です。どこで資料を作りますか。

リン：今、学習室とコンピューター室の予約を見ています。学習室もコンピューター室も空いています。あ、昼休みも空いていますよ。10時40分から始めて、13時20分まで資料を作りましょう。

パク：いいですね。そうしましょう。

リン：学習室とコンピューター室とどちらがいいですか。

パク：学習室のほうがいいです。コンピューター室はほかの学生たちもいます。静かなところがいいです。

リン：そうですね。では、予約しますね。

第 10 課

南先生：みなさん、夢がありますね。どんな夢ですか。教えてください。では、サラさん。

サラ：私は医者になりたいです。私の父は医者ですから。父の仕事を見ることがあります。私は病気の人を助けたいです。

南先生：そうですか。頑張ってくださいね。次は、グエンさん。

グエン：僕は会社を作りたいです。会社を作って、たくさんのベトナムの人たちと一緒に働きたいです。

南先生：それは、いいですね。では、ワンさん。

ワン：僕は、頑張って勉強して大学の先生になりたいです。就職しないで、大学院に行きます。父も母も大学の先生ですから。

南先生：ワンさん、それは頑張って勉強しなければなりませんね。次は、カリナさん。

カリナ：私はサッカーが好きです。毎日サッカーを練習しています。サッカー選手になりたいです。

南先生：カリナさんはスポーツが得意ですから、いいですね。キムさんは？

キム：私は漫画家になりたいです。漫画が好きですから。

南先生：キムさんは絵が上手ですからね。みんな、頑張りましょう。

第 11 課

小林：私は長野の出身です。今年の冬休みは長野に帰ります。みんなも長野へ遊びに来ませんか。タンさん、どうですか。

タン：長野ですか。行ったことがありませんが、行きたいです。でも、寒くありませんか。

小林：寒いですが、スキーができますよ。

タン：スキーですか。難しくありませんか。私はベトナムの出身です。スキーをしたことがありません。それに道具もありません。道具を買わなければなりませんか。

小林：いいえ。スキー場にはスキー教室があります。それから、スキーの道具は借りることができます。

タン：そうですか。じゃ、行きます。スキーの道具を借ります。

小林：ええ、それがいいです。リンさんはどうですか。

リン：私は去年、初めて長野へスキーに行きました。
　　　長野のスキー場は、雪がきれいで、とてもよかったです。でも、冬休みはとてもいそがしいです。

小林：そうですか。じゃ、お土産を買いますね。来年、一緒に行きましょう。パクさんはどうですか。

パク：私の趣味はスキーです。私は長野に行ったことがありません。行きます。
　　　長野でスキーをしたり、そばを食べたりしたいです。

小林：ええ、そうしましょう。おやきもおいしいですよ。

タン：おやきですか。どんな食べ物ですか。

小林：写真があります。これです。中は野菜です。

リン：私も去年食べました。とてもおいしかったです。

パク：私はおやきを食べたことがありませんが、楽しみです。

第 12 課

（ナレーション：女子留学生が、鎌倉にある浴衣レンタルの店に電話しています。）

女子留学生：すみません。花火大会の日に浴衣を借りることができますか。

店の人　　：はい。浴衣のセットがあります。

女子留学生：いくらですか。

店の人　　：3,300円です。

女子留学生：私は浴衣を着たことがありません。大丈夫ですか。

店の人　　：大丈夫です。全部スタッフがしますから、心配しないでください。

女子留学生：じゃあ、今予約します。午後１時から、友達と２人です。

店の人　　：はい。ヘアセットは、プラス1,000円です。どうですか。

女子留学生：私は浴衣のセットとヘアセットをお願いします。友達は髪が短いですから、ヘアセットはいりません。

店の人　　：はい、わかりました。

女子留学生：浴衣は何時までに返さなければなりませんか。

店の人　　　：夜9時までです。9時より遅い人は、プラス1,000円です。

女子留学生：わかりました。じゃあ、よろしくお願いします。

（ナレーション：花火大会の日、女子留学生は友達と浴衣を着て花火大会に行きました。

花火が終わって、8時40分に浴衣を返しました。）

スクリプト

あとがき

『日本語　巡り合い』はデジタル時代を見据え「マンガによる会話導入」を試みた日本語教科書です。

　これまで多くの優れた日本語教科書が出版されてきました。私も指導する中でいろいろな教科書を受講生に推薦してきました。しかし、どの教科書も「真面目に学ぶこと」、に主眼が置かれています。

　近年、日本語教育の流れは確実に変化してきています。そうした変化の動向が如実にあらわれているのが「日本語教育能力検定試験」の記述式問題です。

　令和3年度（2021年）の問題は「反転授業」に関するものでした。

試験問題の一部
「反転授業のメリットが十分活用できるような計画を、400字程度で具体的に提案してください。」

　「反転授業」は、「教室で学習し、自宅で復習する」というこれまでの授業の流れを、「自宅で予習し、授業で（アクティブ・ラーニングを取り入れながら）さらに学ぶ」というように自宅での学習を「復習」から「予習」へと「反転」させた授業です。

　この「記述式問題」が先取りして問うているように、日本語教育も「反転授業」へと方向転換しようとしています。

　しかし「反転授業」に適した教科書として勧められるものはと考えた時、はたと行き詰まりました。どの教科書も「真面目」で、学生たちが「予習」してくるとは思えない「重さ」を感じたのです。

　そんな時です。「教授法講座」の受講生の一人である「郭さん」からある日本語教科書の企画を持ちかけられました。「マンガ」による導入を用いた教科書です。なるほど、「反転授業」が要求する予習も「マンガ」を見ながら、耳で聞く学習なら学生たちも面白がるかもしれません。気軽にスマホなどで通学の途中や自室でリラックスしながら「予習」できる可能性を感じました。

　企画を持ち込まれてから、ひつじ書房の松本功社長にも相談し、毎月ZOOMによる編集会議を持ち、こうして初級1が刊行されること

となりました。

　初級教科書の中で「文型」や「語彙」の扱いについてはマンガによる導入の中でじゅうぶん配慮しています。

　反転授業の予習の後、対面の授業の中で「会話練習」などピア活動もスムーズに行えると思います。文レベルの機械的な暗記を目指す授業ではなく、学習者が反転授業で得た「気づき」が有効に活用されるからです。

　多様なタスク＆アクティビティーを用意しましたので、アクティブな授業がスムーズに行えると思います。必ずしもすべての問題を授業で取り上げる必要はありません。学習者の関心やレベルに合わせて選択しましょう。

　今後、初級2に続いて、中級1冊、中上級1冊、上級1冊の出版を予定していますが全体の構成は「会話文」による導入、読解文、そしてアクティブ・ラーニングのためのタスク＆アクティビティーに主力を置いているという点で一貫しています。

　『日本語　巡り合い』の中国語解説付きバージョンが『新発見日本語』（上海交通大学出版社）監修：徐一平（中国語）佐々木瑞枝（日本語）として刊行されています。

　本書は実に多くの方々との「巡り合い」から生まれたものです。ここに感謝申し上げます。

（敬称略）

企画・構成：松本功（ひつじ書房）

　　　　　　　陳茇（名校教育グループ）　郭冰雁（名校教育グループ）

　　　　　　佐々木瑞枝（武蔵野大学名誉教授）

執筆：横谷千佳　村山実希子　山本沙枝　郭冰雁　宋衡

　　　藤尾喜代子　細井和代　薄井廣美　『巡り合い』編集委員会

編集：ひつじ書房・『巡り合い』編集委員会

ブックデザイン：三好誠（ジャンボスペシャル）

2024 年 1 月 10 日

監修　佐々木瑞枝

初級 1　JLPT N5〜N4｜CEFR A1〜A2 対応

日本語 巡り合い 1
に ほん ご　　めぐ　　あ

Learning Japanese Through Manga 1:
Japanese Text for Beginners -Conversation/Reading/Task-
Supervised by SASAKI Mizue

発行 ————— 2024 年 3 月 29 日　初版 1 刷
定価 ————— 3000 円+税
監修者 ———— 佐々木瑞枝
著者 ————— 横谷千佳・村山実希子・山本沙枝・郭冰雁・宋衡
　　　　　　　藤尾喜代子・細井和代・薄井廣美・『巡り合い』編集委員会
発行者 ———— 松本功
ブックデザイン — 三好誠（ジャンボスペシャル）
印刷・製本所 — 株式会社 シナノ
発行所 ———— 株式会社 ひつじ書房
　　　　　　　〒112-0011 東京都文京区千石 2-1-2　大和ビル 2 階
　　　　　　　Tel. 03-5319-4916　　Fax. 03-5319-4917
　　　　　　　郵便振替 00120-8-142852
　　　　　　　toiawase@hituzi.co.jp　　https://www.hituzi.co.jp/

　　　　　　　ISBN 978-4-8234-1216-5

日本語 巡り合い 1 別冊

別冊

監修　佐々木 瑞枝

執筆　『巡り合い』編集委員会

ひつじ書房

文法と表現
ぶんぽう　ひょうげん

挨拶表現
あいさつひょうげん

おはよう。／おはようございます。

こんにちは。
こんばんは。

おやすみ。／おやすみなさい。

じゃあね。／
バイバイ。(親しい友だちに)
　　　　　　した　　とも

さようなら。

ただいま。
お帰りなさい。
　かえ

行ってきます。
行ってらっしゃい。

はじめまして。よろしくお願いします。

ありがとう。／ありがとうございます。／
ありがとうございました。
どういたしまして。

すみません。

ごめんなさい。

失礼します。
どうぞ。

いただきます。
ごちそうさまでした。

接続記号
せつぞく き ごう

動詞辞書形 どうし じしょけい	V辞	動詞命令形 どうし めいれいけい	V命
動詞ます形 どうし けい	Vます	動詞ば形 どうし けい	Vば
動詞ます形（「ます」抜き） どうし けい ぬ	V~~ます~~	名詞 めいし	N
動詞て形 どうし けい	Vて	イ形容詞辞書形 けいようし じしょけい	A
動詞た形 どうし けい	Vた	イ形容詞語幹 けいようし ごかん	A~~い~~
動詞た形（「た」抜き） どうし けい ぬ	V~~た~~	イ形容詞語幹+く けいようし ごかん	A~~い~~く
動詞ない形 どうし けい	Vない	イ形容詞ば形 けいようし けい	Aば
動詞ない形（「ない」抜き） どうし けい ぬ	V~~ない~~	ナ形容詞語幹 けいようし ごかん	NA
動詞意向形 どうし いこうけい	V意	ナ形容詞+な けいようし	NAな
動詞可能形 どうし かのうけい	V可	普通形 ふつうけい	普
動詞使役形 どうし しえきけい	V使	各品詞の普通形 かくひんし ふつうけい	普通形

品詞等の記号
ひん し とう き ごう

名詞 めいし	[名]	副詞 ふくし	[副]
代名詞 だいめいし	[代名]	連体詞 れんたいし	[連体]
動詞 I グループ どうし	[動I]	感動詞 かんどうし	[感]
動詞 II グループ どうし	[動II]	固有名詞 こゆうめいし	[固]
動詞 III グループ どうし	[動III]	接頭語 せっとうご	[接頭]
イ形容詞 けいようし	[イ形]	接尾語 せつびご	[接尾]
ナ形容詞 けいようし	[ナ形]	常用表現 じょうようひょうげん	[表現]

数
かず

0	1	2	3	4	5
ゼロ／れい	いち	に	さん	よん／し	ご
6	**7**	**8**	**9**	**10**	**11**
ろく	なな／しち	はち	きゅう／く	じゅう	じゅういち
12	**13**	**20**	**21**	**22**	**100**
じゅうに	じゅうさん	にじゅう	にじゅういち	にじゅうに	ひゃく

1,000	10,000	10,000,000		100,000,000	
せん	いちまん	いっせんまん		いちおく	

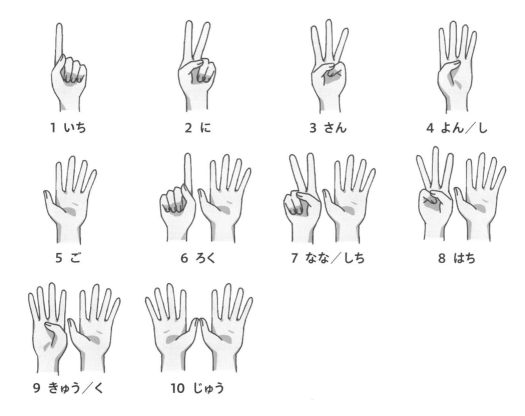

1 いち　　2 に　　3 さん　　4 よん／し

5 ご　　6 ろく　　7 なな／しち　　8 はち

9 きゅう／く　　10 じゅう

1つ	2つ	3つ	4つ	5つ	6つ
ひとつ	ふたつ	みっつ	よっつ	いつつ	むっつ
7つ	**8つ**	**9つ**	**10**	**?**	
ななつ	やっつ	ここのつ	とお	いくつ	

助数詞
じょすうし

	1	2	3	4	5
～つ	ひとつ	ふたつ	みっつ	よっつ	いつつ
～人	ひとり	ふたり	さんにん	よにん	ごにん
～杯	いっぱい	にはい	さんばい	よんはい	ごはい
～本	いっぽん	にほん	さんぼん	よんほん	ごほん
～匹	いっぴき	にひき	さんびき	よんひき	ごひき
～回	いっかい	にかい	さんかい	よんかい	ごかい
～個	いっこ	にこ	さんこ	よんこ	ごこ
～頭	いっとう	にとう	さんとう	よんとう	ごとう
～冊	いっさつ	にさつ	さんさつ	よんさつ	ごさつ
～枚	いちまい	にまい	さんまい	よんまい	ごまい
～台	いちだい	にだい	さんだい	よんだい	ごだい
～羽	いちわ	にわ	さんわ さんば	よんわ	ごわ
～皿	ひとさら	ふたさら	さんさら	よんさら	ごさら

時間
じかん

～時
じ

0時	1時	2時	3時	4時	5時	6時
れいじ	いちじ	にじ	さんじ	よじ	ごじ	ろくじ
7時	8時	9時	10時	11時	12時	?
しちじ	はちじ	くじ	じゅうじ	じゅういちじ	じゅうにじ	なんじ

6	7	8	9	10	何
むっつ	ななつ	やっつ	ここのつ	とお	いくつ
ろくにん	しちにん ななにん	はちにん	きゅうにん	じゅうにん	なんにん
ろっぱい	ななはい	はっぱい	きゅうはい	じゅっぱい	なんばい
ろっぽん	ななほん	はっぽん	きゅうほん	じゅっぽん	なんぼん
ろっぴき	ななひき	はっぴき	きゅうひき	じゅっぴき	なんびき
ろっかい	ななかい	はちかい はっかい	きゅうかい	じゅっかい	なんかい
ろっこ	ななこ	はちこ はっこ	きゅうこ	じゅっこ	なんこ
ろくとう	ななとう	はっとう	きゅうとう	じゅっとう	なんとう
ろくさつ	ななさつ	はっさつ	きゅうさつ	じゅっさつ	なんさつ
ろくまい	ななまい	はちまい	きゅうまい	じゅうまい	なんまい
ろくだい	ななだい	はちだい	きゅうだい	じゅうだい	なんだい
ろくわ ろっぱ	ななわ	はちわ はっぱ	きゅうわ	じゅうわ じゅっぱ	なんわ なんば
ろくさら	ななさら	はちさら はっさら	きゅうさら	じゅっさら	なんさら

～分
ふん・ぷん

1分	2分	3分	4分	5分	6分	7分
いっぷん	にふん	さんぷん	よんぷん	ごふん	ろっぷん	ななふん
8分	**9分**	**10分**	**11分**	**20分**	**30分**	**?**
はっぷん／ はちふん	きゅうふん	じゅっぷん	じゅう いっぷん	に じゅっぷん	さん じゅっぷん／ はん	なんぷん

月

つき

1月	2月	3月	4月	5月	6月	7月
いちがつ	にがつ	さんがつ	しがつ	ごがつ	ろくがつ	しちがつ
8月	9月	10月	11月	12月	何月	
はちがつ	くがつ	じゅうがつ	じゅういちがつ	じゅうにがつ	なんがつ	

日付

ひづけ

日曜日	月曜日	火曜日	水曜日	木曜日	金曜日	土曜日
にちようび	げつようび	かようび	すいようび	もくようび	きんようび	どようび

1日	2日	3日	4日	5日	6日	7日
ついたち	ふつか	みっか	よっか	いつか	むいか	なのか
8日	9日	10日	11日	12日	13日	14日
ようか	ここのか	とおか	じゅういちにち	じゅうににち	じゅうさんにち	じゅうよっか
15日	16日	17日	18日	19日	20日	21日
じゅうごにち	じゅうろくにち	じゅうしちにち	じゅうはちにち	じゅうくにち	はつか	にじゅういちにち
22日	23日	24日	25日	26日	27日	28日
にじゅうににち	にじゅうさんにち	にじゅうよっか	にじゅうごにち	にじゅうろくにち	にじゅうしちにち	にじゅうはちにち
29日	30日	31日	何日			
にじゅうくにち	さんじゅうにち	さんじゅういちにち	なんにち			

一昨日	昨日	今日	明日	明後日
おととい	きのう	きょう	あした	あさって
先々週	先週	今週	来週	再来週
せんせんしゅう	せんしゅう	こんしゅう	らいしゅう	さらいしゅう
先々月	先月	今月	来月	再来月
せんせんげつ	せんげつ	こんげつ	らいげつ	さらいげつ
一昨年	去年	今年	来年	再来年
おととし	きょねん	ことし	らいねん	さらいねん

第 1 課

1 　N1は　N2です　　　　N1は　N2ではありません

例　私は　留学生です。
　　　N1　　　N2

　　葵さんは　留学生ではありません。
　　　N1　　　　　N2

- 今は3時です。
- ここは入学式会場です。
- 今日は入学式です。
- 剛士さんは新入生ではありません。
- 練習は火曜日ではありません。
- 李さんは韓国人です。（李さんは）中国人ではありません。
- 吉田さんは大学生ではありません。（吉田さんは）会社員です。

私は留学生です。

葵さんは留学生ではありません。

2 　N1は　N2ですか

例　A：今日は　月曜日ですか。
　　　　　N1　　　N2

　　(Yes) B：はい、月曜日です。
　　(No) B：いいえ、月曜日ではありません。

- A：金さんは中国人ですか。
　　B：はい、中国人です。
　　B：いいえ、中国人ではありません。
- A：ここは入学式会場ですか。
　　B：はい、そうです。
　　B：いいえ、そうではありません。

- A：田中さんは新入生ですか。
　　B：はい、そうです。
　　B：いいえ、田中さんは2年生です。

3	**N1は　N2でした**	**N1は　　N2ではありませんでした**

例　張さんは　去年高校生でした。
　　ちょう　　きょねんこうこうせい
　　　N1　　　　　　　　N2

　　先週は　休みではありませんでした。
　　せんしゅう　やす
　　　N1　　　N2

● 入学式は金曜日でした。
　にゅうがくしき　きんようび
● 昨日は晴れではありませんでした。
　きのう　は

4	**N1は　N2でしたか**

例　A：昨日は　雨でしたか。
　　　　きのう　あめ
　　　　　N1　　N2

　　⎰B：はい、雨でした。
　　　　　　あめ
　　⎱B：いいえ、雨ではありませんでした。
　　　　　　　　あめ

● A：先週は休みでしたか。
　　せんしゅう　やす
　　⎰B：はい、休みでした。
　　　　　　　　やす
　　⎱B：いいえ、休みではありませんでした。
　　　　　　　　　　やす

5	**N1は　N2で、N3です**

例　張さんは　中国人で、　留学生です。
　　ちょう
　　　N1　　　　N2　　　　　N3

● 私は大学生で、２１歳です。
　わたし　だいがくせい　にじゅういっさい
● 李さんは韓国人で、大学１年生です。
　い　　かんこくじん　だいがく　ねんせい
● 今日は土曜日で、休みです。
　きょう　どようび　やす

6	助詞「も」 じょし	（N1は N2です）N3もN2です

例 張さんは　新入生です。李さんも　新入生です。
　　ちょう　　N1　　　しんにゅうせい　N2　　　　い　　N3　　しんにゅうせい　N2

- 吉田さんは大学生です。
  よしだ　　　だいがくせい

  小林さんも大学生です。
  こばやし　　　だいがくせい

- 今日は休みです。明日も休みです。
  きょう　やす　　　あした　やす

- 李：葵さんも新入生ですか。
  い　あおい　　しんにゅうせい

  張：はい、葵さんも新入生です。
  ちょう　　あおい　　しんにゅうせい

- 李：剛士さんも新入生ですか。
  い　つよし　　しんにゅうせい

  張：いいえ、剛士さんは新入生ではありません。
  ちょう　　　つよし　　　しんにゅうせい

張さんは新入生です。

李さんも新入生です。

7	助詞「の」 じょし	N1のN2

例 （私は）留学生の　張です。
　　わたし　りゅうがくせい　ちょう
　　　　　　　N1　　　　N2

- （私は）韓国人の李です。
  わたし　かんこくじん　い

- 日本語の授業は午後です。
  にほんご　じゅぎょう　ごご

- サッカーの雑誌ではありません。
  ざっし

例 （私は）音楽サークルの　剛士です。
　　わたし　おんがく　　　　　つよし
　　　　　　　N1　　　　　　N2

- （私は）ABC会社の小林です。
  わたし　　　がいしゃ　こばやし

- 私は5年1組の田中です。
  わたし　ねん　くみ　たなか

| 8 | 助詞「と」 | N1 と N2 |

8　助詞「と」　　N1 と N2

例　張さんと　李さんは　留学生です。
　　N1　　　　N2

- 葵さんと剛士さんは日本人です。
- 今日と明日は休みです。
- 火曜日と金曜日はサッカーの練習です。
- 日本語の授業と英語の授業は午後です。

9　助詞「ね」

例　A：張さんは　留学生ですね。
　　張：はい、そうです。

- 日本語の授業は午後ですね。
- 剛士さんはさくら大学の学生ではありませんね。
- 明日は休みですね。

10　人称「〜さん」「〜ちゃん」

例　吉田：小林さんですか。
　　小林：はい、小林です。

- 剛士さんは2年生です。
- 剛士　：李さんは中国人ですか。
　　張　　：いいえ、（李さんは）中国人ではありません。
- 奈津美ちゃんは小学校4年生です。

11 会話表現	① 「はじめまして、〜です どうぞよろしくお願いします」 ② 「こちらこそ〜」 ③ 「お久しぶりです」 ④ 「こちらは〜です」

① 「はじめまして、〜です。どうぞよろしくお願いします」

② 「こちらこそ〜」

例
- A：はじめまして、小林です。どうぞよろしくお願いします。
- A：はじめまして、小林です。よろしくお願いします。
- A：はじめまして、小林です。どうぞよろしく。
- B：こちらこそ、よろしくお願いします。

● 田中：はじめまして、田中です。どうぞよろしくお願いします。
　佐藤：こちらこそ、よろしくお願いします。
● 張：あ、葵さん。さっきはありがとう。
　葵：こちらこそ、ありがとう。

はじめまして田中です。
どうぞよろしく
お願いします。

初対面

こちらこそ
よろしくお願いします。

③ 「お久しぶりです」

例　「こんにちは。お久しぶりです」

● 葵　：剛士先輩、お久しぶりです。
　剛士：あっ、葵ちゃん、久しぶり。

④ 「こちらは〜です」

例　「こちらは佐藤さんです」

● 葵　：こちらは高校の先輩の剛士さんです。
　　　　こちらは中国人留学生の張さんです。
　張　：はじめまして、どうぞよろしくお願いします。
　剛士：こちらこそ、よろしくお願いします。

こちらは
高校の先輩の
剛士さんです。

こちらは
中国人留学生の
張さんです。

こちらこそ
よろしく
お願いします。

はじめまして
どうぞよろしく
お願いします。

第2課

| 1 | 助詞「の」 _{じょし} | N1のN2 |

例　これは　葵さんの _{あおい}　かばんです。
　　　　　　　　　N1　　　　　　　N2

これは葵さんのかばんです。

所有の「の」！

僕のスマホ

僕の日記

- これは私の日記です。 _{わたし　にっき}
- これは張さんのスマホです。 _{ちょう}
- これは会社のボールペンです。 _{かいしゃ}

これは張さんのスマホです。

| 2 | 「こ・そ・あ・ど」 | | | |

こ	これ	ここ	こちら（こっち）	この
そ	それ	そこ	そちら（そっち）	その
あ	あれ	あそこ	あちら（あっち）	あの
ど	どれ	どこ	どちら（どっち）	どの

① 「これ／それ／あれ／どれ」

例　これは　天ぷらの盛り合わせです。 _{てん　も　あ}

張さんのかばんはこれですか。

- A：張さんのかばんは　これですか。 _{ちょう}
  B：はい、それです／はい、そうです。

はい、それです。

はい、そうです。

- A：あれはレストランですか。

  B：いいえ、あれは図書館です。

- 張：李さんの眼鏡はどれですか。

  李：私の眼鏡はこれです。

あれは
レストラン
ですか。

いいえ、あれは
図書館です。

② 「ここ／そこ／あそこ／どこ」

例　ここは　2階です。

- そこはトイレです。

- 李：図書室はどこですか。

  葵：あそこです。

- 李：今日の授業の教室はどこですか。

  張：4階の410室です。

③ 「こちら／そちら／あちら／どちら」

例　そちらは　キッチンです。

- こちらへどうぞ。

- 入口はあちらです。

- 階段はそちらです。

- 李　：トイレはどちらですか。

  店員：そちらです。

④ 「この／その／あの／どの」＋N

例　この本は　英語の本です。
　　　　　　N

- この店は和食レストランです。
- A：そのコンピューターは会社のコンピューターですか。

  B：いいえ、私のコンピューターです。
- 学生A：張さんはどの人ですか。

  学生B：あの人です。

3 N1の N2 ➡ N1の

例　この靴は　鈴木さんの靴です。
　　　　　　　N1　　　　N2

　➡この靴は　鈴木さんのです。
　　　　　　　N1

● このボールペンは田中さんのです。
● その漫画は私のです。
● あのかばんは吉田さんのです。

4 疑問詞「何（なん）」「いくら」「誰」

① 「何（なん）」

例　李：これは　何ですか。
　　葵：これは　天ぷらの
　　　　盛り合わせです。

● A：それは何ですか。
　B：これは漫画ですよ。
● 李：これは何のジュースですか。
　葵：レモンジュースです。

これは
何ですか。

これは
天ぷらの
盛り合わせ
です。

それは
何ですか。

これは漫画
ですよ。

② 「いくら」

例　A：このかばんは　いくらですか。
　　B：5,000円です。

● A：ジュースはいくらですか。

　B：200円です。
● A：この鏡はいくらですか。

　B：2,990円です。

③「誰」

例　A：あの人は　誰ですか。
　　B：佐藤さんです。

● A：これは誰の眼鏡ですか。
　　B：私の眼鏡です。

5　**N1は　N2ですか、N3ですか**

例　張　：りんごワインは　お酒ですか、　ジュースですか。
　　　　　　　　　　N1　　　　　　　N2　　　　　　　　　N3

　　剛士：お酒です。

● トミー：剛士さんは会社員ですか、学生ですか。
　　張　　：学生です。
● A：これは鈴木さんの本ですか、佐藤さんの本ですか。
　　B：佐藤さんの本です。

6　**N1に　N2が　あります**
　　N1に　N2が　ありません
　　（場所）（物）

例　大学の近くに　レストランが　あります。
　　　　N1　　　　　　　　N2

● 机の下にラジオがあります。
● 部屋にベッドがありません。
● 机の上にパソコンと本があります。

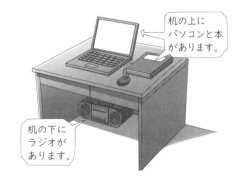

机の上に
パソコンと本
があります。

机の下に
ラジオが
あります。

7	N1に　　N2が　　います N1に　　N2が　　いません
	（場所）　　（人 / 動物） 　ばしょ　　　ひと　どうぶつ

例　レストランに　サークルのメンバーが　います。
　　　　　N1　　　　　　　　N2

- 張さんと剛士さんの間に葵さんがいます。
  ちょう　　つよし　　　あいだ あおい
- 廊下に人がいません。
  ろうか　ひと
- 机の前に犬がいます。
  つくえ まえ いぬ

張さんと剛士さんの間に葵さんがいます。

8	助詞「よ」 　じょ し

例　李　：あの、トイレはどこですか。
　い
　　店員：トイレは１階ですよ。
　てんいん　　　　　　 かい

- 張　　：会費はいくらですか。
  ちょう　かいひ
  莉子：1,000円ですよ。
  り こ　　えん
- これは鏡ではありませんよ。
  かがみ

- 明日は国際交流サークルの新 入 生歓迎
  あした　こくさいこうりゅう　　　　しんにゅうせいかんげい
  会ですよ。
  かい

9	助数詞「〜階」「〜円」 　じょすうし　　かい　　えん

①〜階
　　かい

1階	2階	3階	4階	5階	6階
いっかい	にかい	さんがい	よんかい	ごかい	ろっかい
7階	8階	9階	10階	何階	
ななかい	はちかい／ はっかい	きゅうかい	じゅっかい	なんがい	

②〜円

1円	いちえん	1,000円	せんえん
5円	ごえん	2,000円	にせんえん
10円	じゅうえん	3,000円	さんぜんえん
50円	ごじゅうえん	4,000円	よんせんえん
100円	ひゃくえん	5,000円	ごせんえん
200円	にひゃくえん	6,000円	ろくせんえん
300円	さんびゃくえん	7,000円	ななせんえん
400円	よんひゃくえん	8,000円	はっせんえん
500円	ごひゃくえん	9,000円	きゅうせんえん
600円	ろっぴゃくえん	10,000円	いちまんえん
700円	ななひゃくえん	100,000円	じゅうまんえん
800円	はっぴゃくえん	1,000,000円	ひゃくまんえん
900円	きゅうひゃくえん	何円	なんえん

10　「ご〜」「お〜」

例　ご予約のお客様ですね。こちらへどうぞ。

● ご予約ですか。

● お国はどちらですか。

● これはお酒です。

11 会話表現

① 「そうですか」

② 「ごちそうさまでした」

③ 「いらっしゃいませ」

④ 「こちらへどうぞ」

① 「そうですか」

例 李：これは何ですか。
　　葵：これは天ぷらの盛り合わせです。
　　李：そうですか。

② 「ごちそうさまでした」

例 客　：ごちそうさまでした。
　　店員：ありがとうございました。

③ 「いらっしゃいませ」
④ 「こちらへどうぞ」

例 店員：いらっしゃいませ。
　　剛士：西北大学の国際交流サークルです。
　　店員：ご予約のお客様ですね。こちらへどうぞ。

第 3 課

1　イ形容詞（A）

広・い	広いです	広くないです 広くありません	広かったです	広くなかったです 広くありませんでした
おいし・い	おいしいです	おいしくないです おいしくありません	おいしかったです	おいしくなかったです おいしくありませんでした
い・い	いいです	よくないです よくありません	よかったです	よくなかったです よくありませんでした

① **A＋N**

例 <ruby>広<rt>ひろ</rt></ruby>い <ruby>一戸建<rt>いっこだ</rt></ruby>て
　　A　　　　N

● これは<ruby>悲<rt>かな</rt></ruby>しい<ruby>映画<rt>えいが</rt></ruby>です。

● いい<ruby>景色<rt>けしき</rt></ruby>です。

● あのかっこいい<ruby>人<rt>ひと</rt></ruby>はサムさんです。

● <ruby>南<rt>みなみ</rt></ruby><ruby>先生<rt>せんせい</rt></ruby>は<ruby>優<rt>やさ</rt></ruby>しい<ruby>人<rt>ひと</rt></ruby>です。

● <ruby>京都<rt>きょうと</rt></ruby>は<ruby>古<rt>ふる</rt></ruby>い<ruby>町<rt>まち</rt></ruby>です。

②

⑴ **Nは　Aです**

例 <ruby>今日<rt>きょう</rt></ruby>は　<ruby>涼<rt>すず</rt></ruby>しいです。
　　N　　　　　A

● <ruby>日本語<rt>にほんご</rt></ruby>はおもしろいです。

● <ruby>私<rt>わたし</rt></ruby>の<ruby>部屋<rt>へや</rt></ruby>は<ruby>小<rt>ちい</rt></ruby>さいです。

● A：この<ruby>川<rt>かわ</rt></ruby>は<ruby>浅<rt>あさ</rt></ruby>いですか。

　　B：いいえ、この<ruby>川<rt>かわ</rt></ruby>は<ruby>深<rt>ふか</rt></ruby>いです。

● A：この<ruby>本<rt>ほん</rt></ruby>は<ruby>軽<rt>かる</rt></ruby>いですか。

　　B：いいえ、<ruby>重<rt>おも</rt></ruby>いです。

⑵ **Nは　A<del>い</del>く { ないです / ありません**

例 これは　おもしろくないです。／おもしろくありません。
　　N　　　　A<del>い</del>く　　　　　　　A<del>い</del>く

● <ruby>今日<rt>きょう</rt></ruby>は　<ruby>暑<rt>あつ</rt></ruby>くないです／<ruby>暑<rt>あつ</rt></ruby>くありません。

● <ruby>日本語<rt>にほんご</rt></ruby>は　<ruby>難<rt>むずか</rt></ruby>しくないです／<ruby>難<rt>むずか</rt></ruby>しくありません。

● この<ruby>部屋<rt>へや</rt></ruby>は　<ruby>明<rt>あか</rt></ruby>るくないです／<ruby>明<rt>あか</rt></ruby>るくありません。

● この<ruby>本<rt>ほん</rt></ruby>は<ruby>厚<rt>あつ</rt></ruby>くないです／<ruby>厚<rt>あつ</rt></ruby>くありません。

⑶Ｎは　Ａいかったです

例　外は　暑かったです。
そと　　　あつ
　　Ｎ　　　Ａいかった

● 歓迎会は楽しかったです。
　かんげいかい　たの
● Ａ：外は寒かったですか。
　　　そと　さむ
　Ｂ：はい、寒かったです。
　　　　　　さむ

● このアニメの主人公はかっこよかったです。
　　　　　　しゅじんこう

⑷Ｎは　Ａいく ┌ なかったです
　　　　　　　　└ ありませんでした

例　このかばんは　高くなかったです／高くありませんでした。
　　　　　　　　　たか　　　　　　　たか
　　Ｎ　　　　　　Ａいく　　　　　　Ａいく

● 肉は柔らかくなかったです。
　にく　やわ
● Ａ：月曜日は忙しかったですか。
　　　げつようび　いそが
　Ｂ：いいえ、忙しくありませんでした。
　　　　　　　いそが
● Ａ：宿題は難しかったですか。
　　　しゅくだい　むずか
　Ｂ：いいえ、難しくなかったです。易しかったです。
　　　　　　　むずか　　　　　　　やさ

2　ナ形容詞（NA）
　　　　けいようし

きれい・(な)	きれいです	きれいではないです きれいではありません	きれいでした	きれいではなかったです きれいではありませんでした
親切・(な) しんせつ	親切です しんせつ	親切ではないです しんせつ 親切ではありません しんせつ	親切でした しんせつ	親切ではなかったです しんせつ 親切ではありませんでした しんせつ
静か・(な) しず	静かです しず	静かではないです しず 静かではありません しず	静かでした しず	静かではなかったです しず 静かではありませんでした しず

① NAな + N

例 静かな　住宅街
　　しず　　　じゅうたくがい
　　NAな　　　N

● これは有名なアニメです。
　　　　ゆうめい
● 南 先生は親切な先生です。
　みなみせんせい　しんせつ　せんせい

● 隣 にきれいな公園があります。
　となり　　　　　こうえん
● 京 都はにぎやかな町ではありません。
　きょうと　　　　　　　　まち

②

⑴ N は　NA です

例 李さんは　親切です。
　　い　　　　しんせつ
　　N　　　　NA

● この会場は不便です。
　　かいじょう　ふべん
● 東京はにぎやかです。
　とうきょう

● A：日本語の勉強は大変ですか。
　　　にほんご　べんきょう　たいへん
　　B：はい、大変です。
　　　　　　たいへん

⑵ N は　NA ｛ ではないです
　　　　　　　 ではありません

例 今週は　暇ではないです／暇ではありません。
　　こんしゅう　ひま　　　　　　　ひま
　　　　　　NA　　　　　　　　NA

● この映画は有名ではないです。
　　えいが　ゆうめい
● この教室はきれいではありません。
　　きょうしつ

⑶ N は　NA でした

例 このアニメは　退屈でした。
　　　　　　　　たいくつ
　　N　　　　　 NA

● 先週は暇でした。
　せんしゅう　ひま
● この町はにぎやかでした。
　　まち
● あのアニメは有名でした。
　　　　　　　ゆうめい
● 先生：公園は静かでしたか。
　せんせい　こうえん　しず
　学生：はい、静かでした。
　がくせい　　　　しず

⑷ N は　NA ┌ ではなかったです
　　　　　　└ ではありませんでした

例　昨日は　暇ではなかったです／暇ではありませんでした。
　　きのう　N　ひま　NA　　　　　　　ひま　NA

● この町は静かではありませんでした。
　　　まち　しず

● A：このアニメは有名でしたか。
　　　　　　　　　　ゆうめい

　　B：いいえ、有名ではありませんでした。
　　　　　　　　ゆうめい

3	とても ～

例　今日は　とても　涼しいです。
　　きょう　　　　　すず

● これはとても有名な漫画です。
　　　　　　　ゆうめい　まんが

● このワインはとても安いです。
　　　　　　　　　　やす

● 昨日の夜の番組はとてもおもしろかったです。
　　きのう　よる　ばんぐみ

4	あまり ～

例　ここは　あまり　にぎやかではありません。

● 今日はあまり暑くなかったです。
　　きょう　　　あつ

● このケーキはあまりおいしくありません。

● この店はあまり有名ではないです。
　　　みせ　　　　ゆうめい

5	N は ┌ A1 ┐ですが、┌ A2 ┐です
	└ NA1 ┘　　　 └ NA2 ┘

例　日本語は　難しいですが、おもしろいです。
　　にほんご　むずか
　　N　　　　 A1　　　　　　　　A2

難しいですが

日本語は

おもしろいです。

- 日本の生活は大変ですが、楽しいです。
  にほん せいかつ たいへん　　　　　　たの
- あのレストランは高いですが、おいしくないです。
  　　　　　　　　　　たか
- この漫画の主人公は、とても優しいですが、

  弱いです。

6	N は ⎰ A1 いくて ⎱ ⎰ A2 ⎱ です
	⎱ NA1で ⎰ ⎱ NA2 ⎰

例　このアパートは　新しくて　広いです。
　　　　　N　　　　　あたら　　　　ひろ
　　　　　　　　　　A1 やく　　　A2

　　公園は　きれいで　静かでした。
　　こうえん　　　　　　しず
　　N　　　NA 1　　　NA 2

- 彼は元気で明るいです。
  かれ げんき あか
- バスケットボールの漫画はかっこよくておもしろいです。
  　　　　　　　　　　まんが
- このレストランは安くておいしいです。
  　　　　　　　　やす

7	接続詞「そして」
	せつぞくし

例　毎日　楽しいです。そして、日本語の　勉強は　おもしろいです。
　　まいにち たの　　　　　　　にほんご　べんきょう

- このアニメはとてもおもしろいです。

  そして、主人公はとてもかっこいいです。
  　　　　しゅじんこう
- あの図書館は大きいです。
  　としょかん おお

  そして、新しいです。
  　　　　あたら

毎日楽しいです。

そして

日本語の勉強はおもしろいです。

8	疑問詞「どう」「どんな」

ぎもんし

① 「どう」

例　張　：日本の生活は　どうですか。
ちょう　にほん　せいかつ

詩瑶：日本の生活は　楽しいです。
しよう　にほん　せいかつ　たの

張　：日本語の勉強は　どうですか。
ちょう　にほんご　べんきょう

詩瑶：日本語は　難しいですが、おもしろいです。
しよう　にほんご　むずか

● A：授業はどうですか。
　　じゅぎょう

　B：大変ですが、面白いです。
　　たいへん　　　おもしろ

● A：学校の先生はどうですか。
　　がっこう　せんせい

　B：親切です。そして、おもしろいです。
　　しんせつ

● A：あの映画はどうでしたか。
　　えいが

　B：難しくて退屈でした。
　　むずか　　たいくつ

② 「どんな」

例　奈津美：これは　どんな　アニメですか。
なつみ

張　　：サッカーの　アニメです。
ちょう

● 真悠子：南先生はどんな先生ですか。
　まゆこ　みなみせんせい　　せんせい

　詩瑶　：優しい先生です。
　しよう　やさ　せんせい

● A：東京はどんな町ですか。
　　とうきょう　　まち

　B：にぎやかな町です。
　　　　まち

9 **会話表現** かいわひょうげん	① 「いらっしゃい。どうぞ」 ② 「お邪魔します」 じゃま ③ 「なるほど」

① 「いらっしゃい。どうぞ」

② 「お邪魔します」
じゃま

例　次郎：いらっしゃい。どうぞ。
じろう

張　：お邪魔します。
ちょう　じゃま

いらっしゃい。
どうぞ。

お邪魔します。

③「なるほど」

例　奈津美：これはおもしろくなかったです。退屈でした。
　　真悠子：どんな漫画？
　　詩瑶　：歴史の漫画です。
　　真悠子：なるほど。歴史は難しくて複雑ですね。

第 4 課

1　N1は　N2より　$\left\{ \begin{array}{c} A \\ NA \end{array} \right\}$　です

例　ここは　都心より　涼しいです。
　　　　N1　　　N2　　　　A

ここは都心より涼しいです。

より

● 私の国は日本より大きいです。
● 今年の冬は去年より暖かいです。
● 去年の冬は今年より寒かったです。
● このキャンプ場は都心より静かです。

2

Q：N1と　N2と　どちらが　$\left\{ \begin{array}{c} A \\ NA \end{array} \right\}$　ですか

A：N1より　N2のほうが　$\left\{ \begin{array}{c} A \\ NA \end{array} \right\}$　です

　　どちらも　$\left\{ \begin{array}{c} A \\ NA \end{array} \right\}$　です

　　どちらも　$\left\{ \begin{array}{c} A→いく \\ NA\ では \end{array} \right\}$　ありません

例　A：今週と　来週と　どちらが　暇ですか。
　　　　N1　　　N2　　　　　　　　NA

　　B：来週より　今週のほうが　暇です。
　　　　N1　　　　N2　　　　　　NA

　　B：どちらも　暇です。
　　　　　　　　　NA

　　B：どちらも　暇ではありません。
　　　　　　　　　NA

今週と来週と、
どちらが暇ですか。

来週より
今週のほうが
暇です。

どちらも
暇です。

どちらも
暇では
ありません。

● A：お茶とジュースと、どちらがいいですか。

　B：お茶よりジュースのほうがいいです。

● A：お国と日本とどちらが大きいですか。

　B：私の国のほうが大きいです。

● A：月曜日と火曜日とどちらが忙しいですか。

　B：どちらも忙しいです。

● A：野菜と肉とどちらが好きですか。

　B：肉のほうが好きです。

● A：サッカーとテニスとどちらが好きですか。

● B：どちらも好きではありません。

3　N1は　N2（の中）で　一番 { A / NA } です

例　ここは　東京で　一番有名な　キャンプ場です。
　　　N1　　　N2　　　NAな　　　　N3

● 私は家族の中で一番背が低いです。

● 彼は３人の中で一番力が強いです。

● この山はアジアで一番高い山ですか。

● 上海は中国で一番にぎやかな町ですか。

私は家族の中で一番背が低いです。

張さんの母　　張さんの父　　　　　張さんの妹

4	Q ： N1（の中）で　どの N ／いつ／どこ／何／誰／どれ が一番 { A / NA } ですか A ： N1（の中）で　N2が　一番 { A / NA } です

例　A：季節の中で　いつ　が　一番好きですか。
　　　　　N1　　　　疑問詞　　　　　　　　NA
　　B：（季節の中で）春 が　一番好きです。
　　　　　　N1　　　　　N2　　　　　NA

- A：日本料理の中で何が一番おいしいですか。
  B：お寿司が一番おいしいです。
- A：この服の中でどれが一番好きですか。
  B：これが一番好きです。
- A：りんごといちごとみかんの中でどれが一番好きですか。
  B：りんごが一番好きです。

疑問詞「いつ」

例　A：誕生日は　いつですか。
　　B：6月1日です。

- A：1年でいつが一番暑いですか。
  B：8月が一番暑いです。

- A：1週間でいつが一番忙しいですか。
  B：金曜日が一番忙しいです。

5	N1は　N2ほど { A-いく / NA では } { ありません / ないです }

例　ここは　都心ほど　暑くないです。
　　　N1　　　　N2

- 今年の冬は去年ほど寒くないです。
  ことし ふゆ きょねん さむ
- 去年の夏は今年ほど暑くなかったです。
  きょねん なつ ことし あつ
- 剛士さんのかばんは葵さんのかばんほど高くないです。
  つよし あおい たか
- 張：李さんの故郷はにぎやかですか。
  ちょう い こきょう

  李：はい、にぎやかですが、東京ほどにぎやかではありません。
  い とうきょう

ここは都心ほど暑くないです。

6	N1は　N2が $\left\{\begin{matrix} 好き／嫌い \\ 上手／下手 \\ 得意／苦手 \end{matrix}\right\}$ です

好き（す）／嫌い（きら）
上手（じょうず）／下手（へた）
得意（とくい）／苦手（にがて）

例　僕は　料理が　苦手です。
　　ぼく　りょうり　にがて
　　N1　　N2

- 張さんは日本語が上手です。
  ちょう にほんご じょうず
- 剛士さんは野菜が嫌いです。
  つよし やさい きら

- （私は）テニスが得意ではありません。
  わたし とくい

7	助詞「ね」

じょし

例　きれいなところですね。

- 空気がいいですね。
  くうき
- 剛士さんは本当に「子ども」ですね。
  つよし ほんとう こ

- とてもおいしいですね。

1	動詞（V）分類

どうし　　　　ぶんるい

Ⅰグループ	買<u>う</u>か　行<u>く</u>い　待<u>つ</u>ま　遊<u>ぶ</u>あそ　始<u>まる</u>はじ　送<u>る</u>おく　乗<u>る</u>の	話<u>す</u>はな　死<u>ぬ</u>し　泳<u>ぐ</u>およ　読<u>む</u>よ	}る　以外いがい 〜a る 〜u る 〜o る
Ⅱグループ	起<u>きる</u>お　出<u>る</u>て	降<u>りる</u>お　食<u>べる</u>た	〜i る 〜e る ※例外ありれいがい
Ⅲグループ	<u>来る</u>く　<u>する</u>	相談<u>する</u>そうだん	来るく　する　〜する

※Ⅱグループ例外れいがい　要るい　帰るかえ　切るき　知るし　入るはい　走るはし … ←Ⅰグループ

2　動詞ます形（V ます）
どうし　けい

	辞書形	ます形
Iグループ	買う	買います
	行く	行きます
	泳ぐ	泳ぎます
	話す	話します
	立つ	立ちます
	死ぬ	死にます
	呼ぶ	呼びます
	読む	読みます
	始まる	始まります

	辞書形	ます形
IIグループ	食べる	食べます
	寝る	寝ます
	教える	教えます
	起きる	起きます
	見る	見ます
	いる	います

	辞書形	ます形
IIIグループ	来る	来ます
	する	します
	相談する	相談します

グループ	辞書形	ます形	
Iグループ	行く	行きます	行きません
		行きました	行きませんでした
IIグループ	起きる	起きます	起きません
		起きました	起きませんでした
IIIグループ	来る	来ます	来ません
		来ました	来ませんでした
	する	します	しません
		しました	しませんでした

例　私は　毎日　運動します。
　　わたし　まいにち　うんどう
　　N　　　　　　　V

● 今日、運動しません。
　きょう　うんどう

● 昨日、運動しませんでした。
　きのう　うんどう

● 昨日、運動しました。
　きのう　うんどう

3	N _{ばしょ} (場所)	［へ に］	［行きます い 来ます き 帰ります かえ］

例 葵さんは 大学に 行きます。
_{あおい}　　　_{だいがく}　_い
　　　　　　　(場所)
　　　　　　　_{ばしょ}

● 張さんと李さんはいつ日本へ来ましたか。
　_{ちょう}　_い　　　　　_{にほん}　_き

● 李さんは韓国へ帰りました。
　_い　　　_{かんこく}　_{かえ}

● A：どこに行きますか。
　　　　　　_い

　B：家の近くの公園に行きます。
　　　_{いえ}　_{ちか}　　_{こうえん}　_い

5

比較 | 助詞「へ」VS「に」
_{ひかく}　　_{じょし}

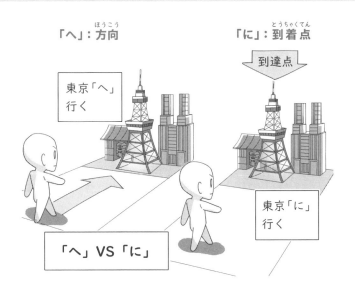

「へ」：方向　　　　　「に」：到着点
_{ほうこう}　　　　　　　　_{とうちゃくてん}

到達点

東京「へ」行く

東京「に」行く

「へ」VS「に」

● この電車は大阪方面へ行きます。
　　_{でんしゃ}　_{おおさかほうめん}　_い

● ○ 駅に着きました。
　　　_{えき}　_つ

　 × 駅へ着きました。
　　　_{えき}　_つ

● 張さんは東京へ／に行きます。
　_{ちょう}　　_{とうきょう}　　_い

4	助詞「に」	N に V ます

例 李さんは 毎朝8時に 起きます。
時間　　　 V ます

● 授業は午前11時に始まります。

● 張さんはおとといの夜（に）日本に着きました。

● 休みに京都へ行きます。

● 明日朝10時に出ます。

● 先生：張さんはいつ日本へ来ましたか。

　張　：おととしの4月に来ました。

李さんは毎朝8時に起きます。

※ 毎朝／毎晩／毎日／おととい／今日／明日／昨日／今週／先週／来週／今月／先月／来月／
おととし／今年／去年／来年　⇒×「～に」
朝／午前／昼／午後／夜／～曜日（に）

5	N1から N2まで

例 11時から 12時半まで 講義 です。
N1　　　　　　N2

● 金曜日から日曜日まで休みます。

● おととしの4月から今年の3月まで日本語学校の学生でした。

● 家から駅まで歩きます。

● 私は今年の3月に韓国から来ました。

● ゆうべ11時まで勉強しました。

11時から12時半まで講義です。

6	助詞「で」 <small>じょし</small>	**Nで　Vます**

例　私は　毎日　電車で　大学に　行きます。
<small>わたし　まいにち　でんしゃ　だいがく　い</small>
　　　　　　　　　　　　　　　　　　Vます

- 剛士さんは毎日自転車で大学に来ます。
  <small>つよし　　　まいにちじてんしゃ　だいがく　き</small>
- A：大阪へ飛行機で行きますか。
  <small>おおさか　ひこうき　い</small>

  B：いいえ、新幹線で行きます。
  <small>しんかんせん　い</small>
- 歩いて駅に行きます。※歩いて
  <small>ある　えき　い　　　　ある</small>

私は毎日電車で大学に行きます。

私は家から歩いて行きます。

家から自転車で行きます。

どうやって～Vますか

例　A：あなたの家から　駅まで　どうやって　行きますか。
<small>いえ　えき　　　　　　　　い</small>
　　　　　　　　　　　　　　　　　　　　　　Vます

　　B：自転車で　行きます。
<small>じてんしゃ　い</small>

- A：ここからどうやって家に帰りますか。
  <small>いえ　かえ</small>

  B：歩いて帰ります。
  <small>ある　かえ</small>

7	**N＋Vます**

例　家から　大学まで　30分　かかります。
<small>いえ　だいがく　さんじゅっぷん</small>
　　　　　　　　N　　　　　Vます

- 毎日30分勉強します。
  <small>まいにちさんじゅっぷんべんきょう</small>
- 私の国から日本まで2日かかります。
  <small>わたし　くに　にほん　ふつか</small>
- 歩いて40分ぐらいかかりました。
  <small>ある　よんじゅっぷん</small>
- 今日、1時間走りました。
  <small>きょう　じ　かんはし</small>

数量＋ぐらい／ちょっと／強・弱

例　東京から　京都まで　2時間ちょっと　かかります。

● ここから友達の家まで1時間強かかります。

● 駅から家まで10分弱です。

● A：東京から大阪まで新幹線でいくらですか。

　 B：15,000円ぐらいかかります。

● A：昨日何時間勉強しましたか。

　 B：3時間ちょっと勉強しました。

8	助詞「と」	Nと（一緒に）Vます （人）

例　李さんは　張さんと一緒に　島田先生の研究室に　行きます。
　　　　　　　　人　　　　　　　　　　　　　　　　　Vます

● 友達と図書館に行きました。

● 張さんは葵さんと一緒に勉強します。

● 葵：張さんは誰と国へ帰りますか。

　 張：妹と帰ります。

● 私は1人で日本へ来ました。※1人で

9	助詞「を」	Nを （場所／乗り物）	出ます 降ります 離れます 卒業します

例　3月に　日本語学校を　卒業しました。
　　　　　　　　　N

● 毎朝9時に家を出ます。

● 来年、東京を離れます。

● 電車を降ります。

10	N1は　N2が　あります

例　私は　車が　あります。
わたし　くるま
　　N1　　N2

私は車があります。

● 彼はお金がありません。
　かれ　　かね
● 剛士さんは留学の経験がありますか。
　つよし　　　りゅうがく　けいけん

鈴木家のみなさん

11	（N1で）　N2が　あります
	（場所） ばしょ

例　大学で　入学式が　あります。
だいがく　にゅうがくしき
　　N1　　　　N2

● 駅の前でイベントがあります。
　えき　まえ
● 教室で講義があります。
　きょうしつ　こうぎ
● 410教室で会議があります。
　　　きょうしつ　かいぎ
● 家の近くで事故がありました。
　いえ　ちか　　じこ

大学で入学式があります。

12	動詞 ➡ 名詞
	どうし　　めいし

動詞辞書形 どうし じしょけい		動詞ます形 どうし けい		名詞 めいし
例　帰る 　　かえ	➡	帰ります かえ	➡	帰り かえ
晴れる は	➡	晴れます は	➡	晴れ は
泳ぐ およ	➡	泳ぎます およ	➡	泳ぎ およ

● 帰りに先生に相談しますか。
　かえ　　せんせい　そうだん
● 明日の天気は晴れです。
　あした　てんき　　は
● 剛士さんは泳ぎが上手です。
　つよし　　　およ　　じょうず

第 6 課

1	助詞「を」 じょし	N1は　N2を　Vます

例　私は　ジュースを　飲みます。
わたし　　　　　　　　　　の
　　　N1　　　　N2　　　　Vます

- 私は今日お弁当を食べません。
　わたし　きょう　べんとう　た
- 剛士さんは車の雑誌を買いました。
　つよし　　　　くるま　ざっし　か
- 昨日私は映画を見ませんでした。
　きのうわたし　えいが　み
- A：今日の朝、何を食べましたか。
　　きょう　あさ　なに　た

　B：パンを食べました。
　　　　　　た

2	助詞「に」 じょし	N1は　N2に　（N3を）　Vます

例　李さんは　友達に　電話を　します。
　い　　　　ともだち　でんわ
　　N1　　　　N2　　　N3　　　Vます

- 明日、友達に会います。
　あした　ともだち　あ
- ムハンマドさんは張さんにコンビニの仕事を教えます。
　　　　　　　　ちょう　　　　　　　しごと　おし
- 店長は私にいろいろな質問をしました。
　てんちょうわたし　　　　　しつもん
- 高校の先生に手紙を書きました。
　こうこう　せんせい　てがみ　か

店長は私にいろいろな質問をしました。

※バイト
面接中

3	助詞「で」 じょし	N1は　N2で　（N3を）　Vます

① 場所
ばしょ

例　張さんは　コンビニで　アルバイトの面接を　受けます。
　　ちょう　　　　　　　　　　　　　　　　　　　めんせつ　　　　　う
　　N1　　　　　　N2　　　　　　　　　N3　　　　Vます

- 私はスーパーで茶碗を買います。
　わたし　　　　　　　ちゃわん　か
- 李さんは図書館でレポートを書きます。
　い　　　としょかん　　　　　　　か
- 先生：李さんはどこで日本語を勉強しましたか。
　せんせい　い　　　　　　にほんご　べんきょう
　李　：韓国で勉強しました。
　い　　かんこく　べんきょう

張さんはコンビニで
アルバイトの面接を受けます。

② 道具・方法
どうぐ　ほうほう

例　張さんは　パソコンで　メールを　送ります。
　　ちょう　　　　　　　　　　　　　　　　　　おく
　　N1　　　　　N2　　　　　N3　　　　Vます

- 剛士さんはスマホでお金を払います。
　つよし　　　　　　　　かね　はら
- 鈴木さんはボールペンでレポートを書きます。
　すずき　　　　　　　　　　　　　　　か
- 私はラジオで日本語を勉強します。
　わたし　　　　　にほんご　べんきょう

張さんはパソコンでメールを送ります。

③ 材料
ざいりょう

例　コロッケは　じゃがいもと肉と玉ねぎで　作ります。
　　　　　　　　　　　　　にく　たま　　　　つく
　　N1　　　　　　　　　　N2　　　　　　　Vます

- このケーキは野菜で作りました。
　　　　　　　やさい　つく
- 木で机を作りました。
　き　つくえ　つく

コロッケはじゃがいもと
肉と玉ねぎで作ります。

4 　Ｖます＋ませんか

例　明日、一緒に　昼ご飯を　食べませんか。
　　　あした　いっしょ　　ひる　はん　　　た
　　　　　　　　　　　　　　　　　　Ｖます

- 一緒に勉強しませんか。
　いっしょ　べんきょう
- 明日一緒に新宿へ行きませんか。
　あしたいっしょ　しんじゅく　い

- 一緒に映画を見ませんか。
　いっしょ　えいが　み
- 日曜日、公園でサッカーをしませんか。
　にちようび　こうえん

5 　Ｖます＋ましょう

例　お弁当を　食べましょう。
　　　べんとう　　た
　　　　　　　Ｖます

- 一緒にレポートを書きましょう。
　いっしょ　　　　　か
- 明日９時に駅で会いましょう。
　あしたくじ　えき　あ
- 学校まで歩いて行きましょう。
　がっこう　ある　い

- Ａ：一緒に研究室に行きませんか。
　　　いっしょ　けんきゅうしつ　い
　Ｂ：ええ、行きましょう。
　　　　　　　　い

6 　Ｎから遠い
　　　　　　とお

例　張さんの家は　ここから　遠いですか。
　　ちょう　　いえ　　　　　　　とお
　　　　　　　　　　Ｎ

- 実家は東京から遠いです。
　じっか　とうきょう　とお
- アパートは駅から遠いです。
　　　　　えき　とお

張さんの家は
ここから遠いですか。

張さんの
大学での
新しい友人

7　Vます＋ましょうか

①

例　駅_{えき}まで　送_{おく}りましょうか。
　　　　　　　Vます

- （私_{わたし}が）手伝_{てつだ}いましょうか。

- A：私_{わたし}が払_{はら}いましょうか。
　　B：ありがとうございます。

②

例　A：学校_{がっこう}の帰_{かえ}りに　本屋_{ほんや}に　行_いきましょうか。
　　　　　　　　　　　　　　　　　　　Vます

　　B：いいですよ。

- A：一緒_{いっしょ}に帰_{かえ}りましょうか。
　　B：はい、そうしましょう。

8　（N1は）　N2が　わかります

例　張_{ちょう}さんは　日本語_{にほんご}が　わかります。
　　　　N1　　　　　N2

- 張_{ちょう}さんは歓迎会_{かんげいかい}の会場_{かいじょう}がわかりません。

- 先生_{せんせい}：この問題_{もんだい}がわかりますか。
　　学生_{がくせい}：はい、わかります。

9　疑問詞_{ぎもんし}＋も～（否定_{ひてい}）

例　店長_{てんちょう}：張_{ちょう}さんは　レジ打_うちが　わかりますか。
　　張_{ちょう}　：いいえ。何_{なに}も　わかりません。
　　　　　　　　　　　　疑問詞_{ぎもんし}＋も

● A：今朝、何を食べましたか。
　B：何も食べませんでした。

● A：明日はどこへ行きますか。
　B：どこへも行きません。家で休みます。

● A：どれが好きですか。
　B：どれも好きではありません。

● A：誰に会いましたか。
　B：誰にも会いませんでした。

10　副詞「もう」「まだ」「これから」
ふくし

| 過去 | 動作Ｖ | 今 | 動作Ｖ | 未来 |
かこ　　どうさ　　いま　　どうさ　　みらい

もうＶました　　　　まだ です。

これから Ｖます

例　李：張さんは　もう　レポートを　書きましたか。
い ちょう　ちょう　　　　　　　　　　　　か
　　張：はい、もう　書きました。
　　ちょう　　　　　か
　　張：いいえ、まだです。これから　書きます。
　　ちょう　　　　　　　　　　　　か

● 張：剛士さんはいますか。
　ちょう つよし
　葵：もう帰りましたよ。
　あおい　　かえ

● 先生　　：もう宿題をしましたか。
　せんせい　　しゅくだい
　奈津美：はい、もうしました。
　なつみ

● A：もうレポートを出しましたか。
　　　　　　　　　　だ
　B：いいえ、まだです。これから出します。
　　　　　　　　　　　　　　　　だ

● A：これから一緒に昼ご飯を食べませんか。
　　　　　　いっしょ ひる はん た
　B：いいですね。

1	N1は	どこに	ありますか
	N1は	N2に	ありますか
	N1は	N2に	あります／ありません
	(物) もの	(場所) ばしょ	

例　李　：軽井沢は　どこに　ありますか。
　　　　　い　かるいざわ
　　　　　N1

　　　陽奈：(軽井沢は)　長野県に　あります。
　　　　　ひな　　かるいざわ　　ながのけん
　　　　　　　　　N1　　　　N2

- レストランは本屋の隣にあります。
　　　　　　ほんや　となり

- A：携帯電話はかばんの中にありますか。
　　　けいたいでんわ　　　　なか

　{ B：はい、(携帯電話は)　かばんの中にあります。
　　　　　　　けいたいでんわ　　　　　　なか
　　B：いいえ、(携帯電話は)　ありません。
　　　　　　　けいたいでんわ

- A：八百屋はどこにありますか。
　　　やおや

　B：コンビニの右側にあります。
　　　　　　みぎがわ

- 鍵はどこにもありません。
　かぎ

2	N1は	どこに	いますか
	N1は	N2に	いますか
	N1は	N2に	います／いません
	(人・動物) ひと どうぶつ	(場所) ばしょ	

例　李：サークルのみんなは　どこに　いますか。
　　　い
　　　　　　　　N1

　　　張：(サークルのみんなは)　学校の食堂に　います。
　　　ちょう
　　　　　　　　N1　　　　　　がっこう しょくどう
　　　　　　　　　　　　　　　　　N2

- 陽奈さんは駅の近くにいます。
  ひな えき ちか
- 葵：ご家族はどちらにいますか。
  あおい か ぞく
  張：中国にいます。
  ちょう ちゅうごく
- A：松本先生は研究室にいますか。
  まつもとせんせい けんきゅうしつ
  B：いいえ、（松本先生は）研究室にい
  まつもとせんせい けんきゅうしつ
  ません。

- 李さんは教室にいません。
  い きょうしつ
- 剛士：張さんはどこにいますか。
  つよし ちょう
  葵 ：図書館にいます。
  あおい としょかん
- 先生 ：どうしましたか。
  せんせい
  小学生：ケンちゃんがどこにもいません。
  しょうがくせい

---

3 **Nに 何が ありますか**
（場所） なに （物）
ばしょ もの

例 李 ：箱根に 何が ありますか。
い はこ ね なに
　　　　　N
莉子：温泉があります。
り こ おんせん

- A：机の上に何がありますか。
  つくえ うえ なに
  B：はさみがあります。
- A：駅の向こうに何がありますか。
  えき む なに
  B：レストランとコンビニがあります。

- A：かばんの中に何がありますか。
  なか なに
  B：何もありません。
  なに

復習 第2課の文法項目6・7「N1にN2があります」「N1にN2がいます」
ふくしゅう だい か ぶんぽうこうもく

---

4 **Nに 誰が いますか**
だれ
（人）
ひと
Nに 何が いますか
（場所） なに （動物）
ばしょ どうぶつ

例 李 ：牧場に 何が いますか。
い ぼくじょう なに
　　　　　N
剛士：牛がいます。
つよし うし

- A：池の中に何がいますか。
  - B：魚がいます。
  - B：（池の中に）何もいません。

- A：教室に誰がいますか。
  - B：高橋さんと吉田さんがいます。
  - B：（教室に）誰もいません。

5　N1 や N2 （など）

例　机の上に　本や　ノートなどが　あります。
　　　　　　N1　　　N2

- 牧場に豚や羊などがいます。
- 張さんは、卓球やサッカーなどをします。
- 長野県のりんごやぶどうは有名です。
- 先生や友達の意見を聞きます。

6

N1		N2	
V1	とか、	V2	とか
A1		A2	
NA1（だ）		NA2（だ）	

例　明日は、友達とカラオケに行くとか　買い物するとか　します。
　　　　　　　　　　　　　　　　V1　　　　　　V2

合宿では　バーベキューとか　ハイキングとかを　しました。
　　　　　　　N1　　　　　　　N2

- 上着とかズボンとかを買います。
- 机の上にペンとかのりとかがあります。
- このサークルは、合宿をするとか発表
  をするとか、いろいろな活動をします。
- 合宿の場所が遠いとか不便だとか、い
  ろいろな意見が出ました。

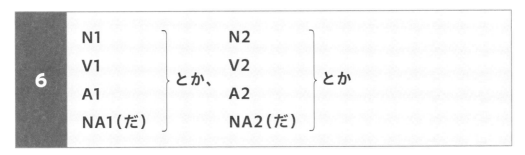

カラオケに行くとか

買い物するとかします。

7	助詞「で」

<ruby>助<rt></rt></ruby> (じょし)

例 みんなで 7月の<ruby>合宿<rt></rt></ruby>の<ruby>予定<rt></rt></ruby>を<ruby>立<rt></rt></ruby>てます。
(しちがつ がっしゅく よてい た)

- ゆうべ<ruby>張<rt>ちょう</rt></ruby>さんと2<ruby>人<rt>ふたり</rt></ruby>でご<ruby>飯<rt>はん</rt></ruby>を<ruby>食<rt>た</rt></ruby>べました。
- サークルのみんなで<ruby>試験<rt>しけん</rt></ruby>の<ruby>勉強<rt>べんきょう</rt></ruby>をしました。
- <ruby>自分<rt>じぶん</rt></ruby>で<ruby>部屋<rt>へや</rt></ruby>を<ruby>掃除<rt>そうじ</rt></ruby>します。

8	副詞「たくさん」「いっぱい」

(ふくし)

例 <ruby>教室<rt>きょうしつ</rt></ruby>に <ruby>学生<rt>がくせい</rt></ruby>が たくさんいます。

- <ruby>京都<rt>きょうと</rt></ruby>にはお<ruby>寺<rt>てら</rt></ruby>や<ruby>神社<rt>じんじゃ</rt></ruby>などがたくさんあります。
- <ruby>伊豆<rt>いず</rt></ruby>にはおいしい<ruby>食べ物<rt>た もの</rt></ruby>がいっぱいあります。
- <ruby>昨日<rt>きのう</rt></ruby>、<ruby>張<rt>ちょう</rt></ruby>さんは<ruby>寿司<rt>すし</rt></ruby>をいっぱい<ruby>食<rt>た</rt></ruby>べました。

9	N に 近い

例 ホテルは <ruby>海<rt>うみ</rt></ruby>に <ruby>近<rt>ちか</rt></ruby>いです。
　　　　　　　　　N

- <ruby>日本語学校<rt>にほんごがっこう</rt></ruby>は<ruby>東京駅<rt>とうきょうえき</rt></ruby>に<ruby>近<rt>ちか</rt></ruby>いです。
- このアパートはコンビニに<ruby>近<rt>ちか</rt></ruby>いです。
- <ruby>先生<rt>せんせい</rt></ruby>の<ruby>研究室<rt>けんきゅうしつ</rt></ruby>は<ruby>図書館<rt>としょかん</rt></ruby>に<ruby>近<rt>ちか</rt></ruby>いです。

ホテルは海に近いです。

1	V ます N	} に {	行きます い 来ます き 帰ります かえ 戻ります もど

例 京都へ　お寺を　見に　行きます。
きょうと　　てら　　み　　い
　　　　　　　　Vます

　　新宿へ　買い物に　行きます。
　　しんじゅく　か　もの　　い
　　　　　　　N

京都へ
（場所）

お寺を見に
（目的）

行きます。
（移動動詞）

8

- 私は家に昼ご飯を食べに帰ります。
わたし　いえ　ひる　はん　た　　　かえ
- 明日、掃除機を買いに行きます。
あした　そうじき　か　　い
- 日本へアニメを勉強しに来ました。
にほん　　　　　べんきょう　　き
- 剛士：葵さんは何をしに教室へ戻りましたか。
つよし　あおい　　なに　　　きょうしつ　もど

　張　：スマホを取りに戻りました。
ちょう　　　　　と　　もど
- 張：昨日どこに行きましたか。
ちょう　きのう　　　い

　李：レストランに食事に行きました。
い　　　　　　　しょくじ　い

2	Q：どうしてですか／なぜですか　〈理由〉 りゆう A：〜から

例 張：大学生活は　楽しいですが、大変です。
ちょう　だいがくせいかつ　たの　　　　　たいへん
　南：大変ですか。どうしてですか。
みなみ　たいへん
　張：レポートが　多いですから。
ちょう　　　　　おお

● 李：私は今週アルバイトをしません。
　　い　わたし　こんしゅう

　　張：どうしてですか。
　　ちょう

　　李：勉強が忙しいですから。
　　い　べんきょう　いそが

● 学生：昨日欠席でしたね。なぜですか。
　　がくせい　きのうけっせき

　　学生：病気でしたから。
　　がくせい　びょうき

3　N　が／を　数詞　Vます
　　　　　　　　すうし

例　机が　5つ　あります。
つくえ　いつ
　　　N　　数詞　　Vます
　　　　　すうし

● 今朝、コーヒーを1杯飲みました。
　けさ　　　　　　　いっぱいの

● 私は桃を2つ買いました。
　わたし　もも　　か

● 客　：すみません。アイスコーヒーを
　きゃく

　　　　　1つと、アイスクリームを2つ

　　　　　お願いします。
　　　　　ねが

　　店員：わかりました。
　　てんいん

● 教室に先生が2人と、学生が20人いま
　きょうしつ　せんせい　ふたり　がくせい　にん
　　す。

● A：教室に学生が何人いますか。
　　きょうしつ　がくせい　なんにん

　　B：20人います。
　　　　にん

● A：春休みに本を何冊読みましたか。
　　はるやす　ほん　なんさつよ

　　B：3冊読みました。
　　　　さつよ

助数詞（〜人／匹／頭／本／枚／冊／個／台）
じょすうし　にんひきとうほんまいさつこだい

例　剛士さんは　車が　2台　あります。
つよし　　　くるま　　だい

● 公園に犬が3匹います。
　こうえん　いぬ　びき

● はがきが4枚あります。
　　　　　　まい

● 弟が1人います。
　おとうと　ひとり

● テーブルの上にケーキが5個あります。
　　　　　うえ　　　　　こ

4　助詞「に」　　　　（時間）に（回数）
　　　　じょし　　　　　　　じかん　　かいすう

例　週に　3日　アルバイトをします。
しゅう　みっか
　　＝1週間に　3日　アルバイトをします。
　　いっしゅうかん　みっか

● 1か月に2回サークルの仲間と映画を見ます。
　いっげつ　かい　　　なかま　えいが　み
　　＝月に2回サークルの仲間と映画を見ます。
　　つき　かい　　　なかま　えいが　み

● 1時間に1回ベルが鳴ります。
　じかん　かい　　な

週（1週間）に

月 火 水 木
金 土 日

3日アルバイトを
します。

- 1年に2回旅行します。
  <ruby>年<rt>ねん</rt></ruby> <ruby>回<rt>かい</rt></ruby><ruby>旅行<rt>りょこう</rt></ruby>
- 先生：年に何回国へ帰りますか。
  <ruby>先生<rt>せんせい</rt></ruby> <ruby>年<rt>ねん</rt></ruby> <ruby>何回<rt>なんかい</rt></ruby><ruby>国<rt>くに</rt></ruby> <ruby>帰<rt>かえ</rt></ruby>

  学生：1回帰ります。
  <ruby>学生<rt>がくせい</rt></ruby> <ruby>1回<rt>いっかい</rt></ruby><ruby>帰<rt>かえ</rt></ruby>

5

（私は）　Nが { 欲しいです / 欲しくないです

（あなたは）Nが { 欲しいですか / 欲しくないですか

※目上の人には使いません

例　私は　新しい茶碗が　欲しいです。
　　　　　　　N

- 日本人の友達が欲しいですか。
- 僕も彼女が欲しいです。
- 新しい靴が欲しいですか。
- 私は何も欲しくないです。

- 張　　：トミーさん、どんなコンピューターが欲しいですか。

  トミー：（私は）安くて軽いコンピューターが欲しいです。

6

（私は）　（N　が／を）Vます+ { たいです / たくないです

（あなたは）（N　が／を）Vます+ { たいですか / たくないですか

※目上の人には使いません

例　私は　アイスクリームが　食べたいです。
　　　　　　　N　　　　　　Vます

- 私は日本の映画が見たいです。
- まだ家へ帰りたくないです。とても楽しいですから。

- 葵：日本でどこへ行きたいですか。
- 張：（私は）北海道へ行きたいです。

- A：夜、何が食べたいですか。
  よる　なに　た
- B：何も食べたくないです。お腹が痛い
  なに　た　　　　　　なか　いた
  ですから。

- 白いスカートを買いたいです。
  しろ　　　　　　　か

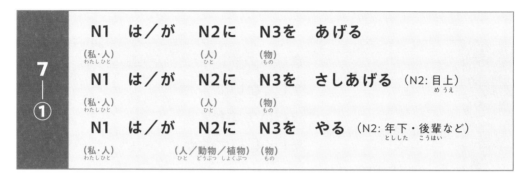

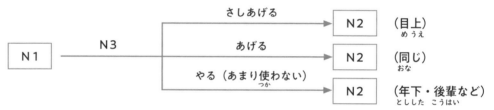

例 私は　友達に　チョコレートを　あげます。
　わたし　ともだち
　N1　　N2　　　N3

私 ―― チョコレート ―→ 友達

私は友達に
チョコレートを
あげます。

例 王さんは　南先生に　お菓子を　さしあげました。
　おう　　みなみせんせい　かし
　N1　　　N2　　　N3

王さん ―― お菓子 ――→ 南 先生
おう　　　　かし　　　　みなみせんせい
　　　　　　　　　　　　　（目上）
　　　　　　　　　　　　　めうえ

- 張 　：奈津美ちゃんの誕 生 日に何をあげますか。
  ちょう　なつみ　　　　たんじょうび　なに
  次郎：漫画をあげます。
  じろう　まんが
- 高橋さんは先生に花をさしあげました。
  たかはし　　せんせい　はな
- 吉田さんは息子に靴下をやりました。
  よしだ　　むすこ　くつした
- 張さんは犬にえさをやります。
  ちょう　いぬ
- 私は花に水をやります。
  わたし　はな　みず

王さんは南先生に
お菓子をさしあげました。

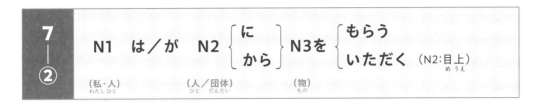

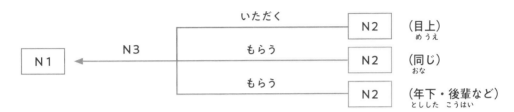

例 私は 詩瑶に ネクタイを もらいました。
　　 N1　　 N2　　　　N3

私は詩瑶にネクタイをもらいました。

お兄ちゃん
大学合格
おめでとう。

ありがとう！

立場が同じ
もしくは少し下

例 張さんは 学校から 学生証を もらいました。
　　 N1　　　　N2　　　　N3

- 島田先生に本をいただきました。
- 妹 は友達からプレゼントをもらいました。
- A：誰にその花をもらいましたか。
- B：田中さんにもらいました。

学校、役所
など

張さんは学校から学生証をもらいました。

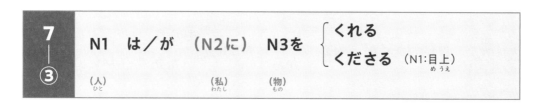

| 7 ③ | N1　は／が　（N2に）　N3を　{ くれる / くださる （N1:目上） } |

（人）　　　　　　　　　　　（私）　（物）

例　友達が　いつも　（私に）　アドバイスを　くれます。
　　N1　　　　　　　　　N2　　　　　N3

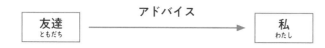

| 友達 | アドバイス → | 私 |

立場が
同じ

友達がいつも（私に）
アドバイスをくれます。

例　南先生は　私たちに　お土産を　くださいました。
　　N1　　　　N2　　　　N3

| 南先生 | お土産 → | 私たち |

（目上）

南先生は私たちに
お土産をくださいました。

- 母は（私に）時計をくれました。
- 友達が（私に）お菓子をくれました。
- 学生A：先生は何をくださいましたか。

　学生B：本をくださいました。

8	「は」	「を」➡「は」

例　いつ　時計を　買いますか。
　　時計は　明日　買います。（←明日時計を買います。）

- クリスマスに彼女にこのネクタイをもらいました。
  ➡ このネクタイはクリスマスに彼女にもらいました。

- ７時に朝ご飯を食べます。　　　➡　朝ご飯は７時に食べます。
- 明日レポートを書きます。　　　➡　レポートは明日書きます。
- 大学で中国語を勉強しました。　➡　中国語は大学で勉強しました。

第 *9* 課

1	動詞て形（Ｖ て）

	辞書形	て形
Ⅰグループ	書く	書いて
	急ぐ	急いで
	死ぬ	死んで
	飲む	飲んで
	呼ぶ	呼んで
	買う	買って
	待つ	待って
	帰る	帰って
	話す	話して

	辞書形	て形
Ⅱグループ	食べる	食べて
	教える	教えて
	寝る	寝て
	起きる	起きて
	見る	見て
	いる	いて

	辞書形	て形
Ⅲグループ	来る	来て
	する	して
	予約する	予約して

※例外：行く→行って

2   V てください

例　ちょっと　待_まってください。
　　　　　　　Vて

- 靴を脱いでください。
  くつ　ぬ
- 会議の資料を確認してください。
  かいぎ　しりょう　かくにん
- 涙を拭いてください。
  なみだ　ふ

- 張　　　　：すみません。レジ打ちを
  ちょう　　　　　　　　　　　　　う
  　　　　　　教えてください。
  　　　　　　おし
  ムハンマド：ええ、いいですよ。

3   V ています

①Vています

例　張さんは　今　図書館で　勉強しています。
　　ちょう　　いま　としょかん　べんきょう
　　　　　　　　　　　　　　　　Vて

- 昨日の午後は家で寝ていました。
  きのう　ごご　いえ　ね
- 悟さんは黒板に字を書いています。
  さとる　こくばん　じ　か
- 王さんは今何もしていません。
  おう　　いまなに

今
勉強しています。

張さんは今図書館で勉強しています。

②Vています

例　講義は　もう　始まっています。
　　こうぎ　　　　はじ
　　　　　　　　Vて

- 1番ホームにもう電車が着いています。
  ばん　　　　　でんしゃ　つ
- 私は東京に住んでいました。
  わたし　とうきょう　す
- 雨はもう止んでいます。
  あめ　　や
- 莉子：大学の電話番号を知っていますか。
  りこ　だいがく　でんわばんごう　し
  陽奈：{ はい、知っています。
  ひな　　　　し
  　　　{ いいえ、知りません。
  　　　　　　　し
  ※ ×知っていません　○知りません
  　　　し　　　　　　　　　し

1番ホームにもう電車が着いています。

③いつも/よく/毎日〜Vています

例 李さんは　いつも　授業の復習を　しています。
　　　　　　　　　　　　　　　　　　　　　　　Vて

● いつもこのスーパーで買い物をしています。
● 私は毎朝コーヒーを飲んでいます。
● 毎週、料理教室に通っています。
● 毎日日本語のニュースを聞いています。
● よく大学の図書館を利用しています。

李さんはいつも授業の復習をしています。

4	Nを　しています

例 南先生は　日本語の先生を　しています。

● 私の父は弁護士をしています。
● 田中さんは去年までコンビニの店長をしていました。
● 兄はタクシー運転手をしています。

5	V1て、V2ます V1て＋から、V2ます

①V1て、V2ます

例 昼ご飯を　食べて、　図書館へ　行きます。
　　　　　　　V1て　　　　　　　　V2

● 休日はアルバイトをして、
　スーパーへ買い物に行きます。
● 明日は9時に起きて、お弁当を作って、
　大学へ行きます。
● 店長：日曜日は何をしましたか。
　張：友達と買い物をして、カフェでコーヒーを飲みました。

文と文を
つなぐ「て」

昼ご飯を
食べて

図書館へ
行きます。

② V1て＋から、V2ます

例　電話を　かけてから、友達の家に　遊びに　行きます。
　　でんわ　　V1て　　ともだち　いえ　　あそ　　い　　　　　　V2

● 歯を磨いてから、寝ます。
　　は　みが　　　ね
● 手を洗ってから、ご飯を食べます。
　　て　あら　　　はん　た
● ジョギングしてから、会社に行きます。
　　　　　　　　　　かいしゃ　い

● 張：もう昼ご飯を食べましたか。
　　ちょう　ひる　はん　た
　　李：いいえ、まだです。このレポートを
　　い
　　　　書いてから、食べます。
　　　　か　　　　　た

電話をかけてから、友達の家に遊びに行きます。

6	Vて＋も { いいです / かまいません　〈許可〉
	きょか

例　ここで　飲み物を　飲んでも　いいです。
　　　　　の　もの　　の
　　　　　　　　　　　Vて

● ここに座ってもかまいません。
　　　すわ
● ここに車を止めてもかまいませんか。
　　　くるま　と
● 張：窓を開けてもかまいませんか。
　　ちょう　まど　あ
　　葵：はい、どうぞ。
　　あおい

● 張：この参考書を片づけてもいいですか。
　　ちょう　さんこうしょ　かた
　　李：あ、それはちょっと……。今から
　　い　　　　　　　　　　　　いま
　　　　使いますから。
　　　　つか

7	Vて＋は { いけません / だめです　〈禁止〉
	きんし

例　自習室で　話を　しては　いけません。
　　じしゅうしつ　はなし
　　　　　　　　　　Vて

● 決して隣の人の答えを見てはいけません。
　　けっ　となり　ひと　こた　み

- 学生：写真を撮ってもいいですか。
  先生：いいえ、ここで写真を撮っては
  　　　いけません。

- 先生：試験に遅れてはだめです。
  学生：はい、わかりました。
- 張：ここに座ってはいけませんか。
  葵：いいえ、座ってもいいですよ。

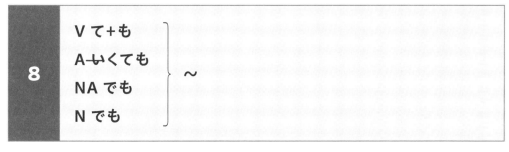

| 8 | V て＋も
A‐いくても
NA でも
N でも | 〜 |

例　この問題は　考えても　わかりません。
　　　　　　　　　Vて

- 私は、お金がたくさんあっても働きます。
- 眠くても勉強します。

- 剛：ピーマンは匂いが嫌いです。
  葵：匂いが嫌でも野菜は食べてください。
- 日曜日でも働きます。

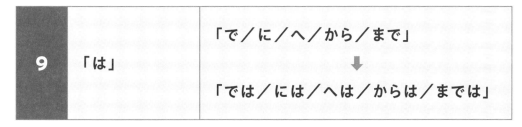

| 9 | 「は」 | 「で／に／へ／から／まで」
⬇
「では／には／へは／からは／までは」 |

例　東京へは　電車で　行きます。飛行機では　行きません。

- 図書館の自習室では話をしてはいけません。
- この公園には珍しい草や花があります。
- 大阪からは吉田さん、佐藤さんが来ました。
  北海道からは斉藤さんが来ました。
- 駅までは歩いて行きました。

復習　第8課の文法項目8「は」

第 10 課

1　動詞ない形（V ない）
どうし　けい

辞書形 じしょけい	ない形 けい
買う か	買わない か
行く い	行かない い
泳ぐ およ	泳がない およ
話す はな	話さない はな
立つ た	立たない た
死ぬ し	死なない し
呼ぶ よ	呼ばない よ
読む よ	読まない よ
始まる はじ	始まらない はじ

Ⅰグループ

辞書形 じしょけい	ない形 けい
食べる た	食べない た
寝る ね	寝ない ね
教える おし	教えない おし
起きる お	起きない お
見る み	見ない み
いる	いない

Ⅱグループ

辞書形 じしょけい	ない形 けい
来る く	来ない こ
する	しない
予約する よやく	予約しない よやく

Ⅲグループ

2　V ない＋でください

例　走らないでください。
はし
　　　V ない

- 手で触らないでください。
て　さわ
- 電車の中で電話をかけないでください。
でんしゃ　なか　でんわ
- 授業中、おしゃべりをしないでください。
じゅぎょうちゅう
- 医者：今日はお風呂に入らないでください。
いしゃ　きょう　　ふろ　はい
　張　：はい、わかりました。ありがとうございます。
ちょう

3	V ない+ければなりません
	V ない+ければいけません

例　就職活動を　しなければなりません。
　　　　　　　しゅうしょくかつどう
　　　　　V ない

　　これから　将来のことを　よく考えなければいけません。
　　　　　　　しょうらい　　　　　　かんが
　　　　　　　　　　　　　　V ない

● 美術館の入口で、チケットを買わなけ　　● 1日に2回薬を飲まなければいけません。
　びじゅつかん　いりぐち　　　　　　か　　　　　にち　　かいくすり　の
　ればなりません。　　　　　　　　　　● 私はもっと漢字を勉強しなければなり
　　　　　　　　　　　　　　　　　　　　　　　　　かんじ　べんきょう
● 友達に本を返さなければいけません。　　　ません。
　ともだち　ほん　かえ

4	V ない+くてもいいです

例　美術館の1階は　お金を　払わなくてもいいです。
　　びじゅつかん　いっかい　　かね　　はら
　　　　　　　　　　　　　　　V ない

● 急がなくてもいいです。　　　　　　　● 学生：今週レポートを提出しなければ
　いそ　　　　　　　　　　　　　　　　　がくせい　こんしゅう　　　　　ていしゅつ
● 学生：名前を書かなくてもいいですか。　　　　なりませんか。
　がくせい　なまえ　か
　　先生：はい、書かなくてもいいです。　　先生：いいえ、提出しなくてもいいです。
　　せんせい　　　か　　　　　　　　　　　せんせい　　　ていしゅつ
　　先生：いいえ、書かなければなりま
　　せんせい　　　　か
　　　せん。

（復習）第9課の文法項目6「V て＋も　いいです　〈許可〉」
　ふくしゅう　だい　か　ぶんぽうこうもく　　　　　　　　　　　きょか

5	V 辞 ⎫ ことがあります
	V ない ⎭

例　兄は　1人で　ハイキングに　行くことがあります。
　　あに　　ひとり　　　　　　　　い
　　　　　　　　　　　　　　　　V 辞

　　剛士さんは　朝ご飯を　食べないことがあります。
　　つよし　　　あさ　はん　た
　　　　　　　　　　　　　　　V ない

- 彼は、失礼なことを言うことがあります。
- 先生も間違うことがあります。
- 私は自分で料理を作りますが、レストランに行くこともあります。
- 彼は朝ジョギングをしますが、しないこともあります。

副詞「時々」「たまに」

例　時々　サークルの友だちと　一緒に　サッカーをします。
　　たまに　学生時代の友達と　会います。

- 時々、友達とカラオケに行きます。
- いつもスーパーで買い物しますが、たまにコンビニで買うこともあります。
- 李：東京の冬はよく雪が降りますか。
  葵：いいえ、あまり降りませんが、たまに降ることもあります。

6	V て V ない+くて ｝、〜

例　試験に　合格して　うれしいです。
　　　　　　Ｖて

　　雨が　降らなくて、よかったですね。
　　　　　Ｖない

- 道がわからなくて、困りました。
- バーベキューをして、楽しかったですね。
- 大好きな犬が死んで、悲しいです。
- 遅れて、すみません。

7	V1て V1ない＋で	} V2

例　私は　砂糖を入れて　コーヒーを飲みます。
　　　　　　V1て　　　　　　　　　　V2

　　私は　砂糖を入れないで　コーヒーを飲みます。
　　　　　　V1ない　　　　　　　　　　　V2

- 帽子をかぶってジョギングします。
- スマホを持たないで出かけました。
- 息子は朝ご飯を食べないで学校に行きました。
- 僕たちは昨日、寝ないで話していました。
- 張：コロッケに何をかけて食べますか。
- 李：私は何もかけないで食べます。

私は砂糖を入れてコーヒーを飲みます。

私は砂糖を入れないでコーヒーを飲みます。

8	N1は　N2が	{ A NA	} です

例　うさぎは　耳が　長いです。
　　　N1　　　N2　　　A

- 都会は人が多いです。
- 彼は背が高いです。
- 今日は天気がいいです。

9	N になります	〈変化〉

例　私は　将来　医者に　なります。
　　　　　　　　　　　N

- 息子は今年3歳になりました。
- もう12時になりました。
- 李さんと友達になりました。
- 私は国際ジャーナリストになりたいです。

10　N　V辞 ┐ までに

例　5時（じ）までに　美術館（びじゅつかん）の入口（いりぐち）に　来（き）てください。
時点（じてん）

- レポートは来週の月曜日（らいしゅう　げつようび）までに出（だ）してください。
- 土曜日（どようび）までに本（ほん）を返（かえ）さなければなりません。
- 明日（あした）までに来月（らいげつ）の予定（よてい）を知（し）らせてください。
- 卒業（そつぎょう）するまでに資格（しかく）を取（と）らなければなりません。

復習（ふくしゅう） 第5課文法項目5（だい　か ぶんぽうこうもく）「N1から　N2まで」

5時までに
美術館の入リ口に
来てください。

11　助詞（じょし）「を」〈期間（きかん）の経過（けいか）〉

例　友達（ともだち）と　楽（たの）しい時間（じかん）を　過（す）ごしました。

- 東京（とうきょう）で学生時代（がくせいじだい）を過（す）ごしました。
- 日本（にほん）で4年間留学生活（よねんかんりゅうがくせいかつ）を送（おく）りました。
- 私（わたし）は将来田舎（しょうらいいなか）へ帰（かえ）って、静（しず）かな日々（ひび）を送（おく）りたいです。

12　助詞（じょし）「と」（一緒（いっしょ）／同（おな）じ／似（に）ている／違（ちが）うなど）

例　私（わたし）と　一緒（いっしょ）ですね。

- 兄（あに）は父（ちち）と似（に）ています。
- 彼の意見は私と違います。（かれ　いけん　わたし　ちが）
- 葵（あおい）さんのかばんは莉子（りこ）さんのと同（おな）じです。

13	助詞「が」 （じょし）	N1が　N2ですか N1が　N2です

例 　莉子（りこ）：みなさん、雲場池（くもばいけ）に　着（つ）きました。
　　李（い）　：ここが　雲場池（くもばいけ）ですか。

- A：どの人（ひと）が吉田（よしだ）さんですか。
  B：あの人（ひと）が吉田（よしだ）さんです。
- 葵（あおい）：どれが張（ちょう）さんのかばんですか。
  張（ちょう）：これが私（わたし）のかばんです。

- A：ミーティングはいつがいいですか。
  B：木曜日（もくようび）の午後（ごご）がいいです。

第 11 課

1	動詞た形（V た） （どうし　けい）

	辞書形 （じしょけい）	た形 （けい）
Ⅰグループ	書（か）く	書（か）いた
	急（いそ）ぐ	急（いそ）いだ
	死（し）ぬ	死（し）んだ
	飲（の）む	飲（の）んだ
	呼（よ）ぶ	呼（よ）んだ
	買（か）う	買（か）った
	待（ま）つ	待（ま）った
	帰（かえ）る	帰（かえ）った
	話（はな）す	話（はな）した

※例外（れいがい）：行（い）く→行（い）った

	辞書形 （じしょけい）	た形 （けい）
Ⅱグループ	食（た）べる	食（た）べた
	教（おし）える	教（おし）えた
	寝（ね）る	寝（ね）た
	起（お）きる	起（お）きた
	見（み）る	見（み）た
	いる	いた

	辞書形 （じしょけい）	た形 （けい）
Ⅲグループ	来（く）る	来（き）た
	する	した
	予約（よやく）する	予約（よやく）した

2　V た＋り、V た＋り　する

①

例　履歴書を書いたり、面接の準備をしたり　します。
　　　りれきしょ　か　　　　　めんせつ　じゅんび
　　　V た　　　　　　　　　V た

- 海の家で食事をしたり、休んだりしました。
　うみ　いえ　しょくじ　　　　　　やす

- 休みの日は掃除したり、洗濯したりします。
　やす　ひ　そうじ　　　　　せんたく

- 体育の授業で、バスケットボールをしたり、バレーボールをしたりします。
　たいいく　じゅぎょう

②

例　今日は雨が降ったり　止んだり　しています。
　　きょう　あめ　ふ　　　　や
　　　　　　V た　　　　　V た

- この１年、日本と中国を行ったり来たりしてとても忙しいです。
　　　ねん　にほん　ちゅうごく　い　　　き　　　　　　いそが

- 休み時間に、学生たちは教室を出たり入ったりしています。
　やす　じかん　　がくせい　　きょうしつ　で　　はい

- 赤ちゃんが、泣いたり笑ったりしています。
　あか　　　　な　　わら

3　V た＋ことが ┌ あります
　　　　　　　　 └ ありません　〈経験〉
　　　　　　　　　　　　　　　　　　けいけん

例　私は　アメリカへ　行ったことがあります。
　　わたし　　　　　　い
　　　　　　　　　　　V た

- スキーをしたことがあります。

- 私は海で泳いだことがありません。
　わたし　うみ　およ

- 先生：そばを食べたことがありますか。
　せんせい　　　た

　学生：はい、あります。
　がくせい

- 張：畑で野菜を作ったことがありますか。
　ちょう　はたけ　やさい　つく

　李：いいえ、ありません。
　い

私はアメリカへ行ったことがあります。

動詞のた形
＋
ことがある
＝
経験です！

4	一 ＋助数詞＋も 〜否定
	いち　　　じょすうし　　　　ひてい

例　私は　一度も　馬に乗ったことがありません。
わたし　　いちど　　うま　の
　　　　一＋助数詞　　　　　　　　　　否定
　　　　いち　じょすうし　　　　　　　否定　ひてい

● あんな大きな犬を一度も見たことがあ
　　　　おお　　いぬ　いちど　み
りません。

● このクラスに外国人は一人もいません。
　　　　　　　　がいこくじん　ひとり

● 学生Ａ：日本語の小説を持っていますか。
　がくせい　　にほんご　しょうせつ　も

　学生Ｂ：いいえ、一冊も持っていません。
　がくせい　　　　　　いっさつ　も

● 駐車場に車は一台もありません。
　ちゅうしゃじょう　くるま　いちだい

5	Ｖ辞＋こと ⎫ Ｎ　　　　 ⎭ が ⎧ できます ⎩ できません

①可能（能力）
　かのう　のうりょく

例　私は　英語を話すことが　できます。
わたし　　えいご　はな
　　　　　　　Ｖ辞

　剛士さんは　テニスが　できます。
　つよし
　　　　　　　　　　Ｎ

● 張さんはピアノを弾くことができます。
　ちょう　　　　　　　　ひ

● 韓国語で数を数えることができます。
　かんこくご　かず　かぞ

● 学生Ａ：車の運転ができますか。
　がくせい　くるま　うんてん

　学生Ｂ：はい、できます。
　がくせい

● 先生：漢字を読むことができますか。
　せんせい　かんじ　よ

　学生：いいえ、できません。
　がくせい

②可能（状況）
　かのう　じょうきょう

例　この川で　泳ぐことが　できます。
かわ　　およ
　　　　　　Ｖ辞

　コンビニで　コピーが　できます。
　　　　　　　　　　Ｎ

● インターネットで飛行機の予約ができます。
　　　　　　　　ひこうき　よやく

● この公園では野球をすることができません。
　こうえん　やきゅう

● 客　：カードで払うことができますか。
　きゃく　　　　　はら

　店員：はい、できます。
　てんいん

コンビニでコピーができます。

6 （〜の） N1 は N2 です
（〜の） N1 は V辞+こと です

(趣味 / 夢 / 〜)
　しゅみ　ゆめ

例　私の趣味は　サッカーです。
　　わたし しゅみ
　　　　　N1　　　　　N2

　　妹の趣味は　絵をかくことです。
　　いもうと しゅみ　え
　　　　　N1　　　　V辞

- 私の趣味は旅行です。
　わたし しゅみ りょこう

- 私の願いは世界の平和です。
　わたし ねが せかい へいわ

- 私の夢は自分の店を持つことです。
　わたし ゆめ じぶん みせ も

- A：夢は何ですか。
　　　ゆめ なん

　B：夢は医者になることです。
　　　ゆめ いしゃ

- 張　：剛士さんの趣味は何ですか。
　ちょう　つよし　　しゅみ なん

　剛士：僕の趣味はギターを弾くことです。
　つよし ぼく しゅみ　　　　ひ

7 〜前に、〜
　　　　まえ

①V辞
　　　　｝＋前に、〜
Nの　　　 まえ

例　ごはんを　食べる前に、手を洗います。
　　　　　　　た まえ　て あら
　　　　　　　　V辞

　　試験の前に、復習します。
　　しけん まえ ふくしゅう
　　　Nの

- レポートを書く前に、図書館で本を借ります。
　　　　　か まえ としょかん ほん か

- 日本へ来る前に、日本語を勉強しました。
　にほん く まえ にほんご べんきょう

- 旅行の前に、大きいかばんを買いたいです。
　りょこう まえ おお　　　　　　か

- アルバイトの前に、郵便局へ行きます。
　　　　　　 まえ ゆうびんきょく い

② N＋前に、〜
　　　 まえ
（期間）
　きかん

例　2週間前に、京都へ行きました。
　　しゅうかんまえ きょうと い
　　 きかん
　　 期間

ごはんを食べる前に手を洗います。

2週間前　1週間前　今

2週間前に、京都に行きました。

66

- 半年前に日本語の勉強を始めました。
  はんとしまえ　にほんご　べんきょう　はじ
- 張：いつ韓国から戻りましたか。
  ちょう　　　かんこく　もど

  李：3日前に、戻りました。
  い　みっかまえ　もど

8	Aⅰく NA に	なります　〈変化〉 へんか

例　背が高く　なりました。
　　せ　たか
　　　Aⅰく

　　たくさん寝て、元気に　なりました。
　　　　　　ね　　げんき
　　　　　　　　　NA

- 秋になって、葉が赤くなりました。
  あき　　　　は　あか
- 急に首が痛くなりました。
  きゅう　くび　いた
- 来週から暇になります。
  らいしゅう　ひま
- 夜になって、町が静かになりました。
  よる　　　　まち　しず

9	「だんだん」「少しずつ」「どんどん」 　　　　　すこ

例　これから　だんだん　忙しくなります。
　　　　　　　　　　　いそが

- だんだん涼しくなります。
  　　　　すず
- 日本語が少しずつ上手になります。
  にほんご　すこ　　じょうず
- 毎日、本を少しずつ読んでいます。
  まいにち　ほん　すこ　　よ
- 天気がどんどん悪くなりました。
  てんき　　　　わる
- 料理はたくさんありますから、どんどん食べてください。
  りょうり　　　　　　　　　　　　　　　た

11

第 12 課

1	普通形 ふつうけい

		丁寧形 ていねいけい		普通形 ふつうけい
動詞 どうし	行きます い	行きません い	行く い	行かない い
	行きました い	行きませんでした い	行った い	行かなかった い
	あります	ありません	ある	<u>ない</u>
	ありました	ありませんでした	あった	<u>なかった</u>
	見ます み	見ません み	見る み	見ない み
	見ました み	見ませんでした み	見た み	見なかった み
	します	しません	する	しない
	しました	しませんでした	した	しなかった
	来ます き	来ません き	来る く	来ない こ
	来ました き	来ませんでした き	来た き	来なかった こ
イ形容詞 けいようし	大きいです おお	大きくないです おお 大きくありません おお	大きい おお	大きくない おお
	大きかった おお です	大きくなかったです おお 大きくありませんでし おお た	大きかった おお	大きくなかった おお
	いいです	よくないです よくありません	いい	よくない
	よかったです	よくなかったです よくありませんでした	よかった	よくなかった

68

		丁寧形 ていねいけい			普通形 ふつうけい	
ナ形容詞 けいようし	きれいです	きれいでは(じゃ)ないです きれいでは(じゃ)ありません		きれいだ	きれいでは(じゃ)ない	
	きれいでした	きれいでは(じゃ)なかったです きれいでは(じゃ)ありませんでした		きれいだった	きれいでは(じゃ)なかった	
名詞 めいし	学生です がくせい	学生では(じゃ)ないです がくせい 学生では(じゃ)あります がくせい せん		学生だ がくせい	学生では(じゃ)ない がくせい	
	学生でした がくせい	学生では(じゃ)なかったです がくせい 学生では(じゃ)あります がくせい せんでした		学生だった がくせい	学生では(じゃ)なかった がくせい た	

2   V普 + N

例　これは　張さんにもらった　お菓子です。
　　　　　　ちょう　　　　　　　　　　　　かし
　　　　　　　　　　V普　　　　　　N

- これは 授業で使うノートです。
　　　　じゅぎょう つか
- これは 授業で使ったノートです。
　　　　じゅぎょう つか
- これは 授業で使わないノートです。
　　　　じゅぎょう つか
- これは 授業で使わなかったノートです。
　　　　じゅぎょう つか

- 図書館で借りた本は全部返しました。
　としょかん か　　ほん ぜんぶかえ
- 私は果物が入っているケーキが好きだ。
　わたし くだもの はい　　　　　　　　　す
- 悟：あの青いネクタイをしている人は
　さとる　　あお　　　　　　　　　　　ひと
　　　どなたですか。

張：トミーさんですよ。
ちょう

3	普通形 ＋ と思う

ふ つうけい　　おも

例　このキャンプ場はとても便利だ　と思います。
じょう　　　　　べ　ん　り　　おも
　　　　　　　　普通形
　　　　　　　ふ つうけい

- 将来、こんな静かな村で暮らしたいと思う。
  しょうらい　　　しず　むら　く　　　　　おも
- 真悠子さんが作った料理はおいしいと思います。
  ま ゆ こ　　　　つく　りょうり　　　　　おも
- 李：張さんは教室にいる？
  い　ちょう　　　きょうしつ
  葵：うん、いると思う。
  あおい　　　　おも

4	助詞「と」

じょ　し

①「～（丁寧形／普通形）」とV
　　ていねいけい　ふ つうけい

例　食事の前に、「いただきます」　と言います。
しょくじ　まえ　　　　　　　　　　　　　い
　　　　丁寧形／普通形　　　　　　　　　V
　　　ていねいけい　ふ つうけい

- 日本では、朝「おはようございます」とあいさつをする。
  に ほん　　　あさ
- 張さんは「明日花火大会に行かない？」と葵さんを誘いました。
  ちょう　　　あしたは な び たいかい　い　　　　　あおい　　　さそ

②～（普通形）とV
　　ふ つうけい

例　剛士さんは　日曜日テニスの試合を見に行く　と言いました。
つよし　　　　にちようび　　　し あい　み　い　　　　　い
　　　　　　　　　　　　普通形　　　　　　　　V
　　　　　　　　　　　ふ つうけい

- 張さんから李さんは風邪だと聞きました。
  ちょう　　　い　　　　か ぜ　　き
- 私は先生に電車が遅れたと説明した。
  わたし　せんせい　でんしゃ　おく　　　せつめい
- 陽奈さんは、明日は参加できないと言っていた。
  ひ な　　　　あした　さん か　　　　　い

しゅくやくけい　はな　こと ば

① 「ている」→「てる」

例　今、宿題して（い）る。
いま　しゅくだい

- A：今、何（を）して（い）る？
　　いま　なに
  B：テレビ（を）見て（い）る。
　　　　　　み
- A：日曜日何（を）して（い）た？
　　にちようび なに
  B：家で寝て（い）た。
　　いえ　ね

② 「と」→「って」

例　葵さんから莉子さんは今日忙しいって　聞いた。
　　あおい　　　り こ　　　きょういそが　　　　　　き

- 剛士さんは花火大会に間に合わないって言って（い）た。
　つよし　　　はな び たいかい　ま　あ　　　　　　　　　　　い
- 張：剛士さんがアルバイトをして（い）る海の家はここから遠い？
　ちょう つよし　　　　　　　　　　　　　うみ いえ　　　　　　　　　とお
  葵：駅前の道をまっすぐ行くって剛士さんが言って（い）たよ。
　あおい えきまえ みち　　　　　　　　　　つよし　　　　い

※何と ➡ ○何て「なんて」
　なん　　　　なん

例　剛士さん、何て言ってた？
　　つよし　　　なん い

5	普通形（ NA-だ／N-だ ）+でしょう？（↗） 〈確認〉

ふ つうけい　　　　　　　　　　　　　　　　かくにん

例　冬は海の家に人が来ない　でしょう？（↗）
　　ふゆ うみ いえ ひと こ
　　V普

- 鎌倉は人がたくさんいるでしょう？（↗）
　かまくら ひと
- 屋台の食べ物はおいしいでしょう？（↗）
　や たい た もの
- 花火大会はにぎやかだったでしょう？（↗）
　はな び たいかい
- 剛士：今日、莉子さんは就活の準備でしょう？（↗）
　つよし きょう り こ　　　しゅうかつ じゅんび
  莉子：はい、本当に大変です。
　り こ　　　ほんとう たいへん

12

6　～から、～

例　剛士さんは　肉が好きですから、よく食べます。
　　　つよし　　　にく　す　　　　　　　　　　　た

● 運動をしたから、汗をかきました。　　　　● 今、忙しいから、夜電話するね。
　　うんどう　　　　　あせ　　　　　　　　　　　　　　　いま　いそが　　　　　よるでんわ
● 時間がないから、急ぎましょう。
　　じかん　　　　　いそ

7　助詞「を」
　　　　じょし

①

例　この電車は　海の近くを　走ります。
　　　でんしゃ　　うみ　ちか　　はし

この電車は海の近くを
走ります。

海だ！

近く

江の島だ！

● 毎日、公園を散歩している。
　　まいにち　こうえん　さんぽ
● 飛行機が空を飛んでいる。
　　ひこうき　そら　と

②

例　郵便局は　あの橋を　渡って　右にあります。
　　　ゆうびんきょく　　はし　　わた　　みぎ

● バスが駅前を通りました。
　　　　えきまえ　とお
● 客　　：あの交差点を右に曲がってください。
　　きゃく　　　こうさてん　みぎ　ま
　運転手：はい、わかりました。
　うんてんしゅ

郵便局はあの橋を
渡って右にあります。

〒

③

例　毎朝、7時に　家を　出ます。
　　　まいあさ　しちじ　いえ　で

● 故郷を離れて東京へ来ました。
　　こきょう　はな　とうきょう　き
● 空港に行くバスは、今新宿を出発しました。
　　くうこう　い　　　　　　いましんじゅく　しゅっぱつ

家　　新宿　　故郷

を

出ます　出発　離れ
　　　しました

（復習）第5課の文法項目9　助詞「を」
　ふくしゅう　だい　か　ぶんぽうこうもく　じょし

72